图解 **精益制造** *070*

模块化设计

あらゆる製品がモジュール化する

【日】日经制造编辑部 著

刘晓晓 译

人民东方出版传媒
People's Oriental Publishing & Media
東方出版社
The Oriental Press

目录

contents

第二章 制造业强大的秘诀——"铁壁循环"

第一章

所有产品都是模块的组合

1 马自达如何"起死回生"?

以实现理想的产品制造为目标,所有车型共同企划

模块化,即通过标准化零件的组合来设计产品。在汽车行业,传统的产品设计方式是配研型,但与此同时,模块化这一设计理念也正在悄然兴起。不少人担心模块化会使传统制造业无法发挥优势,因此对产品的模块化持怀疑态度。但实际上,模块化并不是配研的对立面。相反,若要将具有复杂结构的产品适当地进行模块化,过去在装配设计中所积累的知识是不可或缺的。如果模块化可以同时实现产品的多样化和研发的效率化,必将成为制造业的新优势。

马自达的SUV(CX-5)就是一个很好的例子。这款车型自2012年2月在日本推出,四个半月售出约24000台,相当于马自达年度销售目标的两倍。海外销售同样开局良好,如在俄罗斯的年度目标销售量为12000辆,紧接着又收到超过10000辆的订单。面对这种情况,马自达决定提高CX-5的生产能力。除了最初的宇品第二工厂(位于日本广岛市)以外,

马自达自 2013 年 3 月起在宇品第一工厂（同位于广岛市）也开始生产 CX-5。

马自达并不是因为 CX-5 车型的意外走俏而匆忙增加生产线。实际上，马自达早在 CX-5 投入市场之前就已经做好了增产的准备。为了说明这一点，我们有必要看看该公司自 2006 年以来一直在推动的"制造创新"（图 1-1）。

▶率先实现产品化

当时，主导制造创新的马自达董事长兼副总裁金井诚太认为，CX-X 的研发方式与之前的车型完全不同，它的最大特点在于，2015 年前马自达统括企划了八款车型，CX-5 就是其中之一。马自达称其为"批量企划"。

"批量企划"的目的是使产品研发尽可能高效。此前，马自达的每款车型都是单独企划的，因此每个车型都需要单独开发并设计所需的技术和零件。当然，马自达也在尝试跨越车型，将技术和零件共通化，但由于每款车型都是单独企划的，所以在后续研发的车型中会出现不匹配之处。典型的例子就是车辆的基础平台。尽管这一平台是在可供相同细分市场车辆共享的前提下开发的，但实际上每辆车都需要进行不同程度的调整。

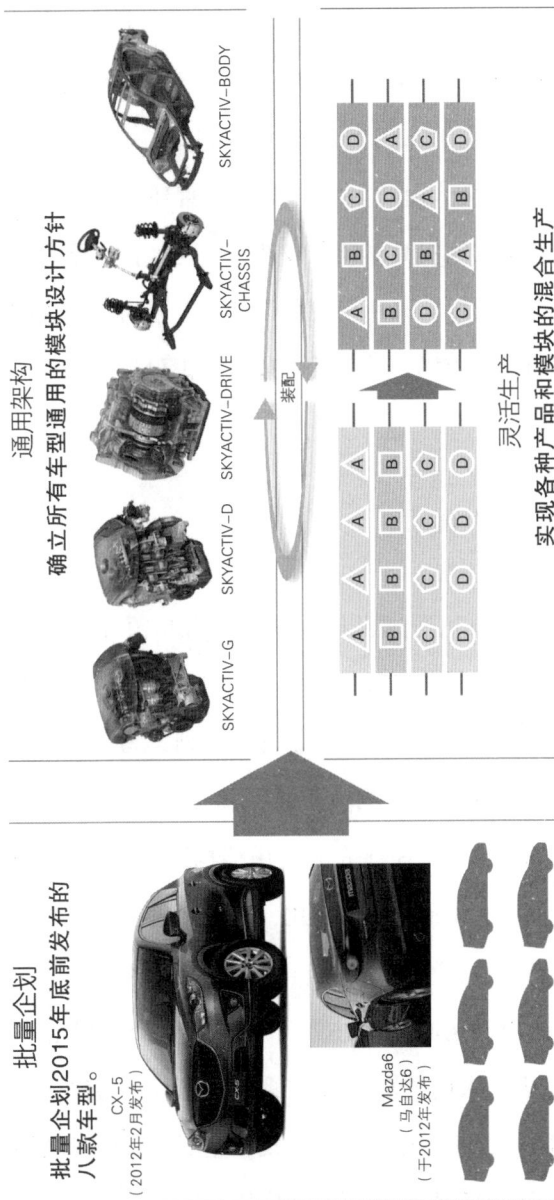

批量企划

批量企划2015年年底前发布的
八款车型。

CX-5
（2012年2月发布）

Mazda6（马自达6）
（于2012年发布）

通用架构

确立所有车型通用的模块设计方针

SKYACTIV-G　SKYACTIV-D　SKYACTIV-DRIVE　SKYACTIV-CHASSIS　SKYACTIV-BODY

装配

灵活生产

实现各种产品和模块的混合生产

图 1-1 "制造创新"的概述

2015年年底前批量企划发布的八款车型，确立"通用架构"——所有车型通用的模块设计方针，同时构筑"灵活生产"，体制以实现各种产品和模块的混合生产。图片内容根据马自达的资料编写。

因此，金井认为这种研发方法将导致企业无法生存。马自达绝不是汽车行业的巨头，对于出口量很大的马自达来说，日元升值是最大的阻力。2012 年 3 月，马自达决定公开筹集多达 1628 亿日元资金，由此可以看出其经营环境何其严峻。因此，马自达必须彻底提高车辆研发效率。当德国大众、丰田汽车和日产汽车陆续宣布采用模块化设计时，马自达率先将模块化设计的车辆投入市场，其背后的危机意识可见一斑。

▶ 全面更新整个车体

2014 年，马自达通过批量企划，将当时预计于未来两年内发布的八款车型同时进行了企划。这样一来，所有车型所需的技术和零件就清晰可见了。基于这一企划，马自达研发了可用于所有车型（例如发动机、变速箱和车架）的主要通用模块，马自达将此通用模块称为"通用架构"。马自达通过将整车模块化以及技术和零件的通用化，实现了这种组合式的车辆研发。

在研发通用架构时，金井认为"没必要沿用以前的技术和零件"。过去，人们过多地沿用了传统技术和零件，这成为一种限制，阻碍了共通化的发展。批量企划旨在研发结构合理的通用模块，可消除此类限制，并应用于所有车型。因此，组成最终通用模块的大多数技术和零件都是新研发设计的。

例如，用于车身的框架要尽可能笔直。这是因为，如果框架有弯曲的部分，负荷就会集中在此处。但在过去，为了避开诸如发动机和底盘之类的周边单元，制造商必须使车身框架弯曲（图1-2）。此外，由于这些周边单元被广泛应用，很难对框架的形状做出大幅度改变。

〈以前的产品〉

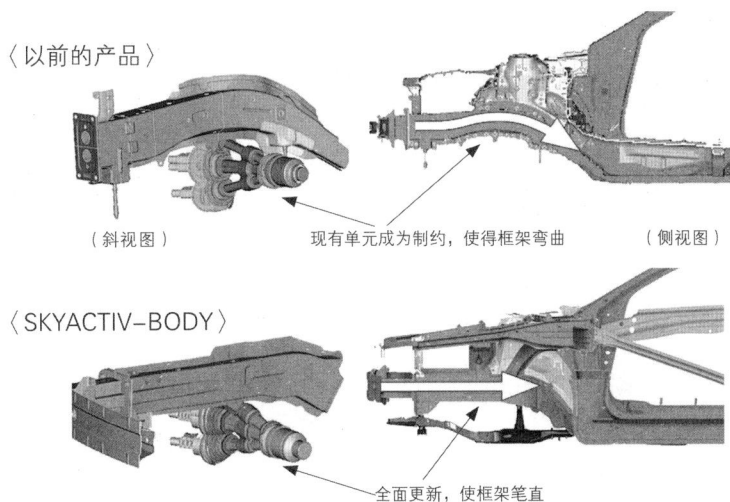

（斜视图）　　　　　现有单元成为制约，使得框架弯曲　　（侧视图）

〈SKYACTIV-BODY〉

全面更新，使框架笔直

图1-2　追求理想的结构

常规的车身框架具有许多限制，例如必须弯曲框架以防止与现有单元干涉。"SKYACTIV-BODY"则充分利用了彻底更新车身结构的机会，追求理想结构，将车架做成了直线形。图片内容根据马自达的资料编写。

作为通用架构研发的车架"SKYACTIV-BODY"消除了这些限制，车架的形状也被完全重新设计。由于发动机和底盘也是同时研发的，可以说整车都实现了理想设计。精心的设计使车体坚固耐用，且适用于具有不同性能要求的各种车型。

虽然硬件的模块和零件的标准化、共通化很重要，但也不必非要执着于此。目前，通用架构之一的汽油发动机"SKY-ACTIV-G"的排量有 1.3L 和 2.0L 两种，但两者的许多组成部件却是不同的。二者最大的共同点是它们的"燃烧特性"（图 1-3）。具体来说，影响发动机性能的特性（如各个曲轴转角对应的发热量的变化率）是相容的。

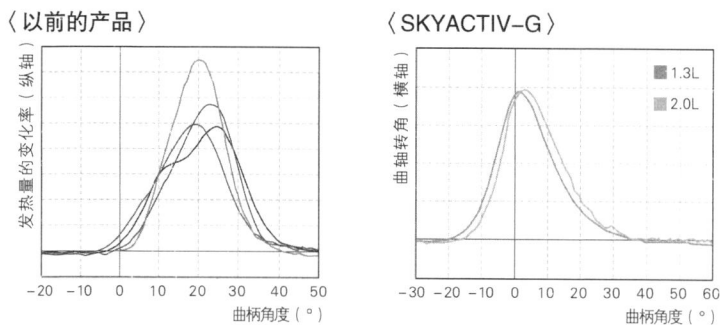

图 1-3 燃烧特性的共通化

由于常规发动机的燃烧特性因型号而异，因此每个车型的设计和验证都需要花费时间。"SKYACTIV-G"则统一了燃烧特性，大大减少了设计和验证每个车型所需的时间。

如果将燃烧特性进行统一标准化的话，则可以显著减少设计和验证单个机型所花的工夫，且燃烧特性的测试设备也可以标准化。为了让排量为 1.3L 和 2.0L 这两种机型具有相同的燃烧特性，许多零件被设计成了相似的形状，因此硬件方面并不是那么共通。然而，由于燃烧特性的标准化可以减少研发的人力和财力，研发效率总体上得到了提高。

▶专为混合生产而设计

标准化不仅限于技术和零件，生产设备和加工过程也是标准化的对象。规模相对较小的马自达没有足够的空间为每种特定的车型、零件设计专用的设备和工程，而确保能获利的生产量是十分必要的，因此在一条生产线上生产各种车型、零件的混合生产是必不可少的。

出于以上考虑，在开发通用架构的阶段，马自达就在混合生产的前提下验证了生产效率。这样一来，将来企业就可以根据不同车型的销售情况灵活地调整生产量。如前文所说，CX-5之所以不仅能够在宇品第二工厂生产，还可以在宇品第一工厂生产，就是因为马自达一开始就在混合生产的前提下重建了生产线。继CX-5之后，马自达通过批量企划开发的车型还有"Mazda 6"（日语名称：Atenza），它虽然最初是在防府第二工厂（位于日本山口县防府市）生产的，但也要根据CX-5和Mazda 6未来的销量对各工厂的产量进行适当调整。马自达称这种生产体制为"灵活生产"。

▶整备生产基础

前文提到的 SKYACTIV-G 的研发也是如此。在传统的发动机设计中，汽缸缸体上方的形状和尺寸（用作加工搬运的标准）因车型而异，因此有必要为每种车型设计独特的加工设备和加工工艺，结果就导致了生产线的专用化，一条生产线无法生产不同车型的发动机。

在 SKYACTIV-G 的设计中，马自达通过对各项元素进行标准化，提高了所需加工设备和加工工艺的通用性。这样一来，生产线原来的 45 个工序缩减到了 4 个。正如前文所说，SKYACTIV-G 的每种机型的零件尺寸都是不同的，因此在硬件上几乎没有共同点。但是，通过抓住汽缸缸体上方的形状和尺寸（用作加工搬运的标准）等关键点，就可以实现混合生产。

2 摆脱特制，企业才能变强

组合现有零件，应对所有需求

所谓"特制"，就是企业根据客户要求定制的、具有独特规格的产品。这原本是日本制造商有别于国外制造商的优势，但近年来，这种优势却发生了逆转。原因在于，随着市场的全球化，客户对成本和交货时间的要求越来越严格，以牺牲成本和交货时间为代价的特制订单已经跟不上时代潮流了。

此外，模块化的普及也加剧了这一逆转。所有产品都实现模块化后，零件之间的接口也统一标准，于是不符合标准的产品和零件将变得不方便使用。这样一来，特制反而变成了一个避之唯恐不及的因素。

一直以来，日本制造商为了获得大量客户，在特制上花了大工夫。虽然通过减少产品种类可以节省成本和缩短交货时间，但这样便无法满足客户的多样化需求，解决这个难题的方法仍然是模块化。企业通过组合标准化零件来设计多种类型的产品，在摆脱特制的同时，还可以获得与以往相同，甚至更多的客户。接下来，本文将具体介绍电装、日本精工和安川电机的模块化案例。

▶电装：在实施标准化前，先改进产品性能

电装研发了汽车散热器的标准产品（图1-4），即"全球标准散热器（CSR）"。散热器是将发动机冷却液的热量释放到外部的装置，位于发动机舱的前方。发动机冷却液通过水室流

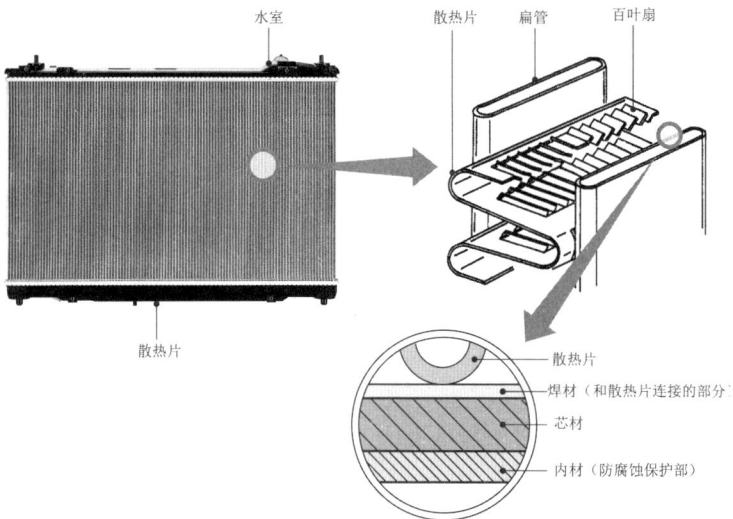

图1-4 汽车"全球标准散热器"（CSR）

它被定位为全世界的标准产品，幅长限定为11.5mm、16mm、27mm这三种。图片内容根据电装的资料编成。

入扁管，从车辆前部吸入的风吹过扁管和炉焊过的散热片，从而带走发动机冷却液的热量。

散热器的性能主要取决于它被安装在车体上时前后方向的深度（电装称其为"幅长"）和正视时的面积。然而，由于受到车辆和发动机舱结构的限制，幅长和面积不能随意设定，因此即使是同一车型也会有零件需要特制，例如销往热带地区的车辆需要幅长较长的散热器。

但是，GSR 仅有幅长为 11.5mm、16mm、27mm 这三种规格，丰田的"雷克萨斯 GS"和"86"已经使用了 GSR。尽管将来不会完全取消特制，但基本上还是以这三种类型为主。

对于电装来说，虽然标准化有许多优点，但对于它的客户——汽车制造商来说，可选项却变少了。对此，电装通过改进产品性能来解决这个问题。电装首先将单位面积的百叶窗数量增加了约 30%，接着又优化了整个散热片的形状，以此来确保即使幅长变短，性能也不受影响。具体来说，幅长为 11.5mm、16mm、27mm 的 GSR 具有与原先幅长为 16mm、27mm、36mm 的产品相同的性能（图 1-5）。这样一来，从以往产品向 GSR 过渡时，幅长不会变大，因此汽车制造商也很愿意使用标准产品代替特制产品。

〈以前的产品〉

27mm

〈GSR〉

16mm

图1-5 幅长比较

16mm 的 GSR 具有与原来 27mm 的产品相同的性能。为了能使受风面积最大化，扁管上设计了许多凹口（百叶窗）。显著的性能改进使汽车制造商更容易使用电装的产品。图片内容根据电装的资料编成。

▶日本精工：减少组合类型，缩短交货时间

在日本精工生产的滚珠丝杠中，以"短交货期"为特征的标准化产品"Compact FA"系列的销量在逐步上涨（图1-6）。在这个以前只生产特制产品的领域，标准产品的销售额现在约占总销售额的 20%。该系列的特点是轴直径和导程（螺母在一圈内行进的距离）的组合是有限的（表1-1），客户

可以先根据用途从其中选择适当的组合，然后再选定轴的长度和轴末端支撑零件的形状。日本精工只需要切割事先做好的螺杆，并根据需要加工轴端即可。由于组合的种类有限，公司和分销商会有一定的库存，快的话在客户下订单的第一天就能发货。包括轴的直径和引线在内，从零开始设计的话需要三四个月的时间，差异显而易见。

图1-6　滚珠丝杠 "Compact FA" 系列

通过标准化实现了快速交货。

对于上文中提到的这种主要规格都已实现标准化的产品，如何确定组合至关重要。如果组合的类型太少，将无法满足客户的多样化需求，并且有失单的风险；相反，如果组合的类型

表1-1　轴径和导程的组合

客户可以从预先指定的组合中进行选择，并分别指定丝杠轴的长度和轴端的形状。
导程（右上）　轴直径（左下）

轴直径 ＼ 导程	5	8	10	12	15	20	25	30	40	50	60
6		●		●							
8			●		●						
10	●●		●								
12	●●		●○			●		●			
15	●●		●○			●○		●			
20	●		●○			●○		●	●		●
25	●		●○			●○	●○	●		●	

●一般机械用　●高精度和清洁的环境用　○运输用（轴直径与导程的单位为毫米）

太多，标准化产生的量产效果就会大打折扣，且订购量少的组合还会造成大量库存。从战略层面来看，Compact FA 系列由于持有一定量的库存而缩短了交货时间，但一旦种类过多，就会对利润构成压力。

因此，在 Compact FA 系列的组合设定方面，日本精工力求用最少的种类满足多样化的需求。基于这一理念，精工根据客户的建议和过去的出货记录，仔细选定了需求量较高的轴直径和导程的组合。

与 Compact FA 系列类似的标准化产品销量上涨的原因在于，许多客户，具体来说就是半导体制造设备和传送带设备的制造商，希望可以实现短期交货。由于这些领域的需求波动较大，对这些制造商来说，交货时间稍微延迟就会导致失单，因此他们一致要求滚珠丝杠的交货要足够快。

滚珠丝杠的主要客户是机床制造商，特别是日本的机床制造商，他们向来在自己内部设计制造像滚珠丝杠这样的机械元件，现在也是如此。通过与这些机床制造商的往来交易，日本精工形成了完全按照客户要求设计产品的特制模式。

但是，半导体制造设备和传送带设备的制造商并不像机床制造商那样执着于特制。相反，他们更愿意使用交货期短的标准产品，尽可能地避免特殊设计。

对于日本精工来说，机床制造商仍然是重要的客户。但是，与机床制造商相同的特制方式已经不能满足新客户的需求，这正是日本精工决定通过模块化设计缩短交货期的契机。

▶安川电机：控制软件的模块化与产品的多样性

"我们将不再开发特制产品"——基于如此坚定的决心，安川电机开发了标准的交流电（AC）伺服电机"Σ–V"系列（图 1-7），其特点是通过控制软件的模块化可以满足客户的多样化需求。此外，控制软件的参数不仅可以由安川电机进行调整，还可以由客户自己来调整。

图1-7　交流伺服电机"Σ-V"系列

通过控制软件的模块化来满足各种需求。

　　根据输出、扭矩、驱动系统（旋转/线性运动）的不同，该系列中的硬件类型多种多样。要使移动物体必须具备相匹配的硬件，但主导控制功能的专用集成电路（Application Specific Integrated Circuit，以下简称 ASIC）和软件在整个系列中却是通用的。ASIC 和软件都是交流伺服电机的"核心组件"，也是实现各种性能和功能的零件。其中，ASIC 是控制交流伺服电机的集成电路，它本身不具备多样性，创造多样性的是软件。安川电机首先开发了一组可以满足客户各种需求的软件，开发单个产品时仅"抽选"相应的必要软件即可。这样一来，既实现了组件的通用性，又确保了产品的多样性。

　　实现这种模块化的背景是 CPU 和内存等半导体的性能提

高。因为满足了硬件性能的要求，一种 ASIC 控制多个软件运行的设计才得以实现。

以前的产品虽然同样只有一种 ASIC，但软件通常是后来根据客户要求开发的，存在重复开发具有类似功能的软件之类的浪费。

在"∑-V"系列开发的初始阶段，所需的软件是批量开发的，因此整个软件组是具备所有功能的模块化结构，后续无须根据客户的个别要求开发新软件。

"∑-V"系列的另一个主要特点是，客户可以调整影响控制内容的软件参数（图 1-8）。不仅是交流伺服电机的主要功

可调参数

▶ 与位置控制有关的参数

▶ 与速度控制有关的参数

▶ 与转矩控制有关的参数

▶ 与减振相关的参数

⋮

用户可以自行调整100多种参数。

图 1-8　ASIC 和可调参数

通过调整软件参数，客户可以创建适合该应用程序的控制算法，并且整个"∑-V"系列都可以使用通用的 ASIC 执行以上算法。图片来源：安川电机。

能（例如位置控制、速度控制、转矩控制），连抑制振动的
"制振"功能，都可以在以后的使用过程中设置成与出厂设置
不同的参数。例如，冲压机中保持扭矩不变的控制、半导体制
造设备中维持速度和位置之间平衡的控制等，每个客户都可以
根据自身用途为每种应用创建最佳的控制算法。

安川电机推动交流伺服电机的模块化，也是为了应对市场
的全球化。安川电机会按要求进行设计，但即使告诉客户一定
会按照他们的要求设计，也会被反复问到成品何时才能出来。
相比于详细的特制化订单，希望提早交单的需求不断增加。

将来，安川电机将会在模块化 ASIC 和模块化软件方面加
大开发力度，在与功能直接相关的软件开发方面尤其要投入大
量的人才，但这并不意味着需要的一定是精通软件的人。任何
人只要通过学习都可以设计软件，最理想的情况是，熟悉设备
和控件的人能学会设计软件。

3 简单的组装已经没有未来

独特的附加价值，才能打造出差异化产品

模块化设计改变的不仅是产品本身，甚至还可能引发产业结构的变革。一个最具代表性的例子就是零件的集成。产品的模块化与多零件组合使成品制造商和零件制造商之间的分工正在发生变化，特别是在电子零部件领域，这种趋势发展迅速。以前，成品制造商单独采购各种零件，然后将其组合在一起；但如今，成品制造商只需将集成了多个零件的"模块产品"安装到成品中即可。

设计这种模块产品的是零件制造商，换句话说，无法提供模块产品的零件制造商更有可能从成品制造商的合作伙伴中退出，甚至退出整个供应链。

如果仅仅是组合多个零件的话，那生产出来的不过是"组装产品"，而单纯的组装化会导致产品种类成倍增加，赢利能力下降，因此基于模块化的视角，在组合零件的基础上最大限度地减少产品种类，同时还要最大化地满足客户的需求的设计，这一点是必不可少的。

此外，由于零件组合本身可以由成品制造商完成，因此有必要提供模块产品独有的附加值。接下来将介绍大力发展模块产品业务的村田制造所和阿尔卑斯电机的案例。

▶村田制造所：具有压倒性优势的小型化成为可能

村田制造所加强了对应用于智能手机和平板电脑终端的模块产品的开发，成果之一就是集成了功率放大器（PA）和双工器的模块（PAD）（图1-9）。PA是一种传输高频信号时可以放大信号的半导体，而双工器是一种滤波电路，可以分离并处理不同频带中的信号。

为了强化PAD的开发体制，村田制造所于2012年3月收购了瑞萨电子的PA业务，通信频率因国家、地区和电信运营商而异，智能手机等设备制造商可以通过更改搭载的PAD来生产适用于不同通信频率的设备。在过去，设备制造商需要单独采购所需的PA和双工器，并为不同的规格分别设计电路。

村田制造所之所以需要PAD之类的模块化产品，是因为设备端要支持的通信方式在不断增加。尽管新一代的通信方式正在快速发展，但不同国家和地区的接受度和普及率仍存在差异，这就要求设备必须能支持旧的通信方式。

图1-9 集成了功率放大器和双工器的模块（PAD）

村田制造所于2011年12月开始量产的产品，智能手机对此的需求不断增加。

虽然电路的设计变得越来越复杂，但是处理、发送、接收信号的模拟电路并不会因此而产生明显差异。因此，设备制造商试图通过采用模块产品来减轻负荷。

模块化可以使产品实现显著的小型化。通常来说，如果从质保的角度出发，就必须将模拟电路中使用的部件的特性阻抗调整为50Ω。而将单独购买的PA和双工器组合在一起时，需要在它们之间插入一个匹配电路（图1-10）。但实际上，连接零件时，50Ω并不是最佳选择，因为这种做法会导致功率损耗。

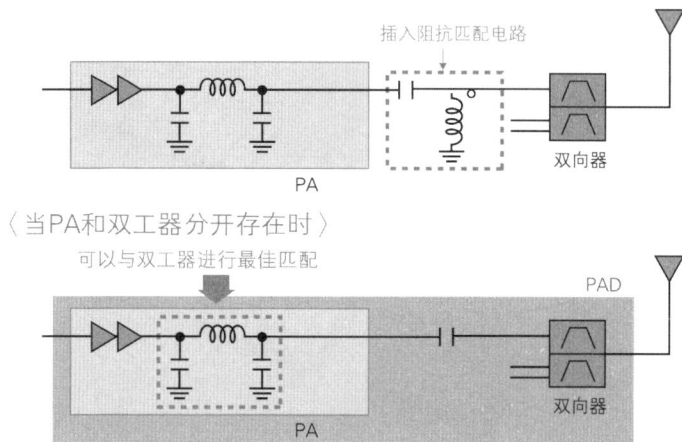

插入阻抗匹配电路

PA

双向器

〈 当PA和双工器分开存在时 〉

可以与双工器进行最佳匹配

PAD

PA

双向器

图 1-10　模块化的好处

将功率放大器和双工器集成在一起后，无须在两者之间插入用于匹配的阻抗匹配电路，从而使设计更灵活。图片内容根据村田制造所的资料编成。

　　另外，PAD 只需总体上满足 50Ω 这一条件即可，内部不受限制，并且理论上 PA 和双工器可以以最佳形式连接。由于降低了损耗，所以与组合单个零件相比，尺寸可以显著减小。

　　目前，村田制造所已经将支持特定频段的单频段 PAD 投入市场。虽然现在只有四种类型，但将来会增加更多支持特定频段的产品。此外，村田制造所还考虑开发一种支持多频段的 PAD 产品，且不仅限于 PAD，将来还会继续开发支持多频段的其他各种零件和模块。

　　当然，客户对模块化产品的需求比对零件的需求更加多样化。村田制造所的产品不仅限于标准品，还可以根据个别需求重新设计新产品，但这种情况下要保证制造方法和材料与标准品相同，这样就可以确保赢利能力不会下降。

▶阿尔卑斯电气：对产品的深入理解不可或缺

自 2009 年起，阿尔卑斯电气也开始全面开发模块产品。同年，阿尔卑斯电气废除了依据所产零件种类划分组织的"部门制"，在汽车和民生设备等每个业务领域设立三个业务总部。在此前的阿尔卑斯电气公司，一个部门对应一个零件的体制已经持续 30 多年了，但这个体制已经无法更好地满足客户需求了。随着要求集成多零件模块产品的呼声越来越高，公司管理层感觉到了部门制的局限性。

阿尔卑斯电气追求的是通过模块化产品创造附加价值。但是，如果仅是简单地通过组合零件来形成模块化产品，就无法与生产相同零件的竞争对手产生差异。因此，"with X"，即"增加模块化产品独特的附加价值"这一策略至关重要。此处的"X"有四个备选："内部组件"、"IC 及驱动程序"、"软件"和"材料"（图 1-11）。

例如，控制汽车电动车窗开关的软件受到了客户汽车制造商的高度评价。阿尔卑斯电气虽然不生产电动车窗的驱动电

① 内部组件

棒式控制器
（多功能操作装置）

② IC及驱动程序

触控板

③ 软件

电动车窗开关
（防夹功能）

④ 材料

磁传感器

图1-11　模块产品的差异化与代表产品

　　阿尔卑斯电气将这四个因素视为模块产品的差异化因素。图片内容根据阿尔卑斯电气的资料编成。

机，但他们会在销售电动车窗开关的同时，提供配套的控制软件。该控制软件除了能使电动车窗正常开关外，还可以自动检测到物体夹入并使电动机反转，从而使电动车窗具备了防夹功能。这种软件成功地使电动车窗开关这一模块化产品实现差异化。

为了实现诸如此类的差异化，制造商还必须了解模块化产品组合后生成的最终产品。如果不了解汽车的结构和客户的需求，就无法找到差异化的关键点。这一点与零件不同，零件的差异化可由基本性能的提升来实现。

将来，了解整个系统（不仅包括模块产品，还包括其用途）的工程师将主导模块产品的开发项目，因此在模块产品的竞争中，制造商能培训多少这样的工程师非常重要。

4 汽车行业的"去平台化"

以模块为基础的标准化设计方兴未艾

在汽车行业中,"去平台化"这一概念趋势正盛,取代平台的是模块的概念。越来越多的汽车制造商将车辆定义为多个模块的集合,并试图通过模块的组合来生产各种不同的车型。这就是所谓的"标准化设计"(表 1-2),目的是使同一零件能够用在多种车型上。

表 1-2 各汽车制造商标准化设计的趋势

空调单元的通用化图例。在过去,即使不同车辆等级(以车重划分)的车型使用同一平台,也很难进行单元的共通化,因此无法减少单元的种类。但是,分割为比平台更小的模块单元使得可以通用的范围扩大了。

基于日产汽车的资料编成。

企业	设计手法	内容
丰田汽车	丰田新全球架构	推进以发动机、变速器、起落架零件为中心的标准化。
日产汽车	日产 CMF	将车辆构成分为四个模块,通过更改模块的组合来开发各种车型。

（续表）

企业	设计手法	内容
马自达	通用架构	将各单元的基本内容共通化（不管车辆等级和排气量的差异如何），并将其设计为相似的形状，由此便可以使用同一流程开发和生产各种车型。
德国大众公司	Modular Toolkit	将现有平台细分为几个模块（Toolkit），并基于这些模块的组合来调整车辆尺寸，使之适用于各种车型。

例如，日产汽车公司在 2013 年以后推出的新车型上采用了一种叫作"日产 CMF"的设计方法（图 1-12）。日产 CMF 将车辆的底座分为四个模块，每个模块都有几种不同的类型。通过更改模块的组合，可以生产出各种不同的车型，如小型汽车、大型汽车、MPV（多功能汽车）、SUV（运动多功能汽车）等。

除了与这些结构有关的模块之外，日产汽车公司还开发了囊括所有电子零件的"电子架构"。通过此电子系统和模块的组合，日产可以高效地完成对车辆功能、性能的设计。这些方法预计能使新车型的开发人力、零件成本和生产投资各减少约 30%。

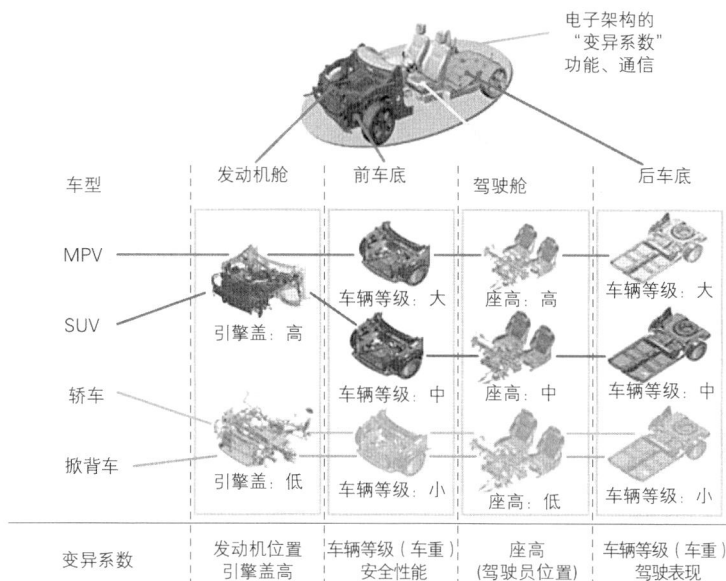

图 1-12 "日产 CMF"的概述

将车辆划分为四个模块:"发动机舱"、"前车底"、"驾驶舱"和"后车底"。每个模块都有几种类型,不同类型组合而形成不同车型。图片根据日产汽车的资料编成。

▶零件的通用性不足

日产汽车公司之所以采用这种设计方法,是因为在原先以平台为基础的车辆设计中感到了局限性。过去的基本设计理念是将不同的车身搭载在一个通用平台上,以此来开发各种不同的车型。但是,为了满足每种车型所需的功能和性能,实际情况是必须改变平台的一部分。因此,即使平台一样,使用的零件也不是那么共通。

不仅是平台本身包含的零件，平台上搭载的零件也是这样的。例如，空调单元的性能取决于车辆额定功率（车重），因此不同车种即便使用了同一平台，由于车辆额定功率的差异较大，也必须安装不同的空调单元（图 1-13）。

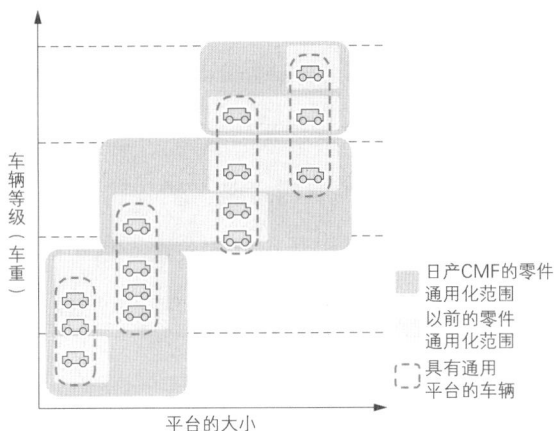

图 1-13　通用零件的范围

由于常规发动机的燃烧特性因型号而异，因此每个车型的设计和验证都需要花费时间。"SKYACTIV-G"则统一了燃烧特性，大大减少了设计和验证每个车型所需的工夫。图片根据马自达的资料编成。

相反，即使是不同平台的车型，如果车辆等级相近，也可以使用共通的空调单元。但在这种情况下，受空调单元和平台之间的接口限制，可以使用同一空调单元的车辆范围并不那么广，这就导致了空调单元的类型数量远大于平台的类型数量。

基于平台的车辆设计也并不一定会使单元和零件通用化，因此日产汽车在 2009 年开始制定 "日产 CMF" 的构想。

▶模块化并不是单纯地分割

无论平台的框架如何，日产 CMF 都可以与更多的车型共用同一单元和零件，其关键是分配给每个模块的 "变异系数"。

变异系数也就是每个模块主要的功能和性能。例如，车辆前方的模块 "前车底" 的变化因素是车辆等级（车重）和安全性能。由于安全性能是该模块仅有的要素，因此整个车辆的安全性能由该模块决定。换句话说，其他模块可以不必考虑安全性能。

像这样按照汽车的主要功能和性能对模块化结构进行分类，就可以使用种类较少的单元和零件开发各种车型。每个模块里都设计了可根据功能和性能要求而更改的部分（可变部）和与要求无关的共通部分（固定部），汽车制造商可参照市场要求设定模块的种类。

虽然平台也是由可变部和固定部组成的，但平台的相关功能和性能的数量很多，因此很难满足多样化需求。日产 CMF 的模块相关功能和性能（变异系数）有限，因此更容易满足市场的多样化需求。

▶车身底部也要进行标准化设计

日产汽车并不是唯一一个摆脱平台的汽车生产商，德国大众和日本马自达也已转向基于模块化结构的设计。

大众在 2000 年代中期开始采用一种叫作"模块化工具包"的设计标准（图 1-14），停止使用平台并将车身底部分成多个模块。这一点与日产 CMF 相似。但大众的模块单位要比日产 CMF 更小，并且将各车型都不同的上车身的一部分也进行了设计标准化，这比日产 CMF 更具野心。

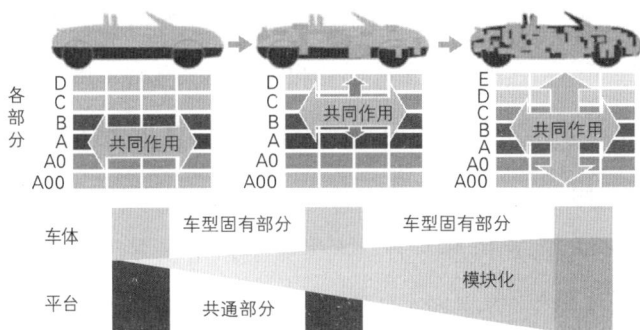

图 1-14 "Modular Toolkit（模块化工具包）"的概述

以前，虽然平台是相同的，但是每种车型都有很多固有的部分。未来，大众汽车将摆脱平台的概念，通过将其划分为较小的模块化单元来增加通用部分。图片来源于大众汽车的资料。

虽然到目前为止模块化工具包的具体成果尚不清楚，但大众汽车在 2012 年 2 月发布了"MQB",即卧式发动机车辆的模块的（矩阵）组合。大众汽车将此 MQB 应用于多种车型，例如"Polo"、"Golf"和"Passat"等。在过去，这些车型都有不同的平台。

此外，大众汽车还将把 MQB 等模块化工具包应用到其旗下的汽车制造商的车型里，比如 MQB 就应用于下一个高尔夫系列以及德国奥迪"A3"系列。这样一来，新车型的开发人力可减少约 30%，购买零件和生产投资的成本也将分别减少约 20%。

马自达也从 2006 年开始采用设计标准化，这与大众汽车大致相同。尽管马自达不使用"模块"这个词，但在设计上也根据功能和性能划分了可变部和固定部，其基本思想与日产汽车和大众汽车几乎相同（图 1-15）。马自达称这种方法为"通用架构"。

马自达在 2012 年 2 月首次发布了采用该方法研发的新型 SUV"CX-5"，在量产车的应用方面领先于上述两家公司。此外，丰田汽车公司也引入了类似的设计方法来迎头赶上。探索产品多样性和开发效率的设计标准化的动向今后可能会一直持续。

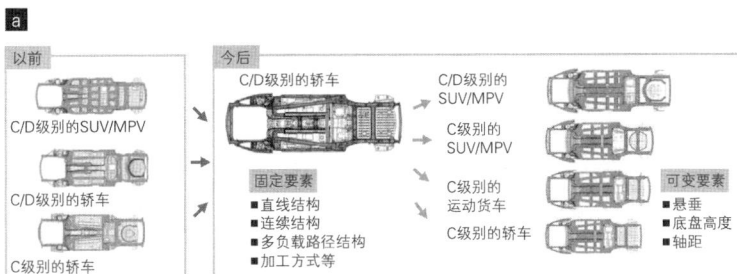

图 1-15　具有通用架构的车辆设计

（a）是通用架构的概述。以前每个平台都会单独设计一个通用架构，将来，所有平台都可分为平台间共通的"固定要素"和平台间不同的"可变要素"，从而高效地开发各种车型。实际上，所谓固定要素和可变要素是基于 C/D 级轿车确定的。（b）是基于通用架构开发的首款新车型"CX-5"（于 2012 年 2 月发布）。图片内容基于马自达的资料编成。

5 模块化与产品设计自动化

自动输出设计成果的"梦幻般的系统"

为了满足不同客户的需求，设计师每次收到订单时都会重新创建图纸，这在订单生产型企业中是较为常见的现象。然而，日立 Plant Mechanics 公司的中小型桥式起重机"MOT Crane"① 系列则完全不同，设计师将客户要求的规格输入系统，系统便可自动输出规格报价单或设计图预览图等成果。这是一个"梦幻般的系统"（图 1-16），日立 Planet Mechanics 将其称为"桥式起重机规格选定系统"。

桥式起重机规格选定系统得以创建，要归功于公司自 2012 年 10 月以来一直致力于开发的"模块化设计（MD）"项目。MD 是一种根据客户要求来创建定制产品的设计方法，可以通过组装公司现有标准件的形式来实现设计和生产。

---

① MOT 取自"Modular design Overhead Travelling"。此外，中小型是指额定载荷为 80 吨（含 80 吨）以下的产品。

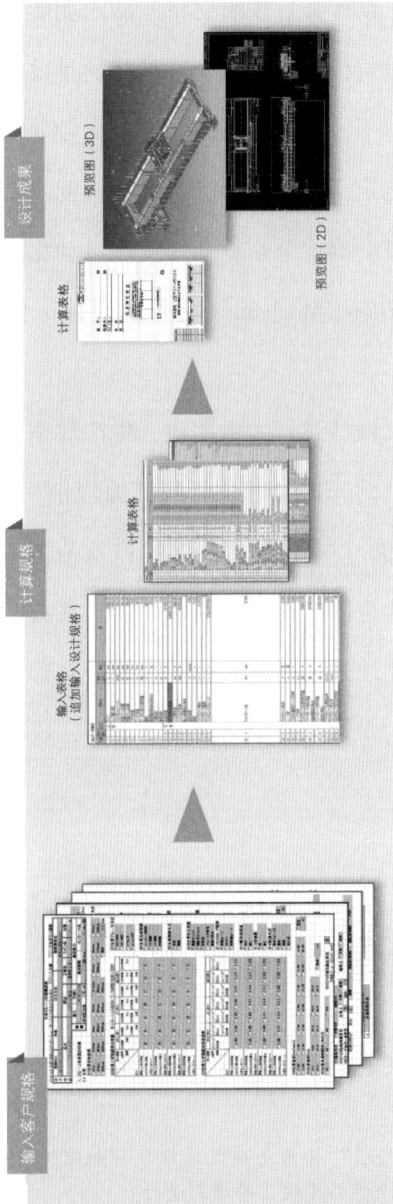

图 1-16 "桥式起重机规格选定系统"概要

输入客户要求的规格之后，系统将自动生成规格报价单、预览图等设计成果。

在 MD 方式下，设计师首先需要将产品的功能、性能、分布形式等设计参数进行模块化处理，然后将满足设计参数的零部件规格也进行模块化处理，以此来选择标准件①。换言之，一旦根据客户要求选定了设计参数，与此相匹配的零部件规格和标准件也将随之自动确定下来，从而实现自动化设计。研发 MD 技术，让日立 Planet Mechanics 公司的设计工作实现了自动化。

如此一来，不仅设计过程大大缩短，生产效率也得到了极大提高，从收到咨询到完成详细设计只需要以前一半的时间。公司标准件的类型也有所增加，目前约占所有零件的 70%，制造周期和制造成本也因此而降到原来的 2/3 左右。此外，公司还将 MD 的所有设计程序制作成技术指导书，有了这部指导书，刚刚加入公司的设计师一个月内就可上岗，成为公司的直接战斗力。

▶ 在商务会议上即席创建3D 模型

设计自动化不仅适用于设计和生产，运用在销售领域也反

---

① 此处"模块化处理"指的是确定设计参数和组件规格可以采用的模块值，以便推进整个产品模块化的顺利进行。

响良好，只需一台普通的笔记本电脑，就可离线启动桥式起重机规格选定系统里的所有程序，进行规格计算、绘图输出、成本计算等操作。这样一来，在商务谈判会议上，销售人员可以当场根据客户要求的规格进行设计，展示 3D 模型，还可以给出大致价格。在过去，设计师从听取客户需求到做出设计图，需要花一个星期左右的时间，而现在只需几分钟。

以前，中小型桥式起重机是日立 Plant Mechanics 的"不赚钱"产品。虽然市场规模很大，工厂和物流基地的需求也在持续增长，但因为制造商颇多，许多中小型企业都在生产，所以竞争颇为激烈。桥式起重机是典型的低技术产品，所以很难在功能和性能方面与其他公司拉开距离，如果设计方式也与其他公司一样，那么在成本竞争力上公司就没有什么优势了。事实上，在过去的一段时间，由于中小型桥式起重机的盈利空间较小，日立 Plant Mechanics 已将其业务重心转移到竞争较少的大型桥式起重机上来。但是，自从日立 Plant Mechanics 开始研究 MD 和设计自动化项目，情况就发生了变化，他们再次开始启动中小型桥式起重机业务，并开始赢利。

这一事例给了号称"占据日本制造业 90% 以上市场"的订单生产型企业一个提示，那就是：怎样才能提升企业竞争力？近年来，日本订单生产型企业在海外市场屡屡受挫，其原因无外乎是"从询价到报价花费时间太长（新客户）""即使要求的规格与上次项目差不多也要重新设计，增加了大量成本（老客户）""成本估算得太宽松，导致无法回收预期利润"等。在日立 Plant Mechanics 的努力下，上述问题现已得到妥善解决。接下来将详细探讨日立 Planet Mechanics 公司是如何推动 MD 和设计自动化进程的。

▶ 标准化工程

日立 Plant Mechanics 公司的 MOT 起重机大致可分为"小推车式"和"双轨提升式"两种型号，客户可在一定范围内自由选择各种参数，如额定负荷、提升速度、跨度等（图 1-17）。对客户选定的规格进行排列组合是个很庞大的计算量，但用 MD 就能满足客户的所有要求，这一过程就像是从乐高积木的标准零件中选择最适合的零件进行拼装组合一样。

日立 Plant Mechanics 按照四个阶段（phase）来推进 MD 和设计自动化项目（图 1-18）。第一阶段的工作是使工程标准化，具体而言，就是要完成产品规格配置、设计程序手册和模块表（MT）这三个方面的工作。

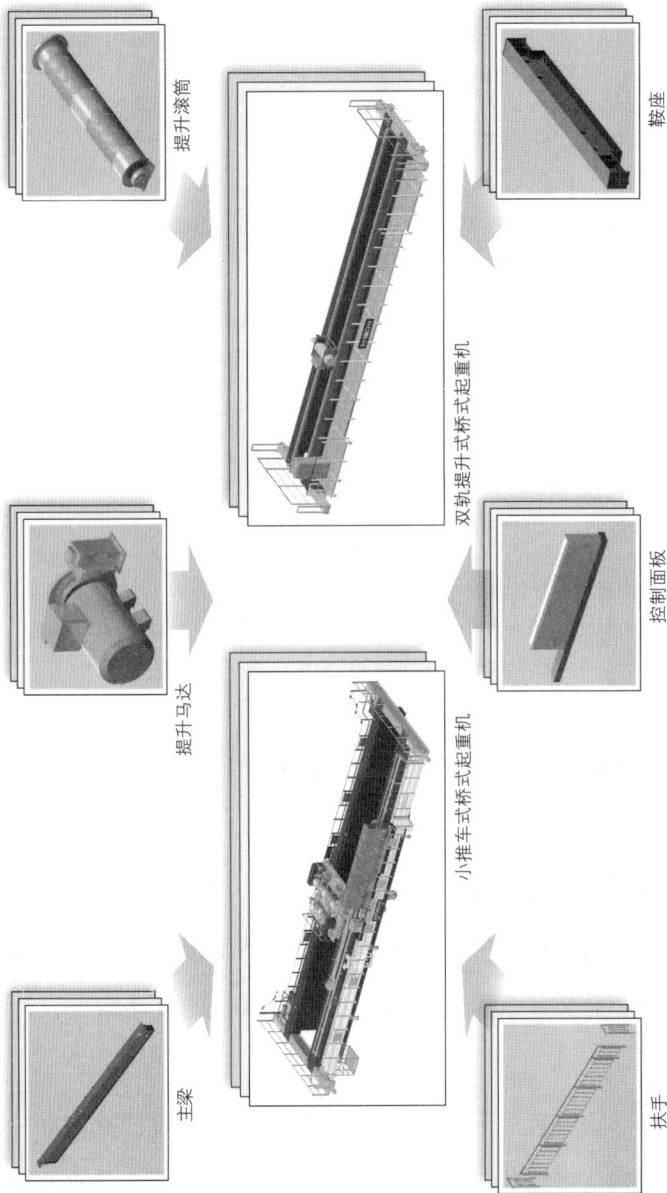

图 1-17 用 MD 设计桥式起重机

先将提升电机和控制面板进行模块化处理，使之成为标准部件，再将其进行组合，就可以应对各种客户规格。

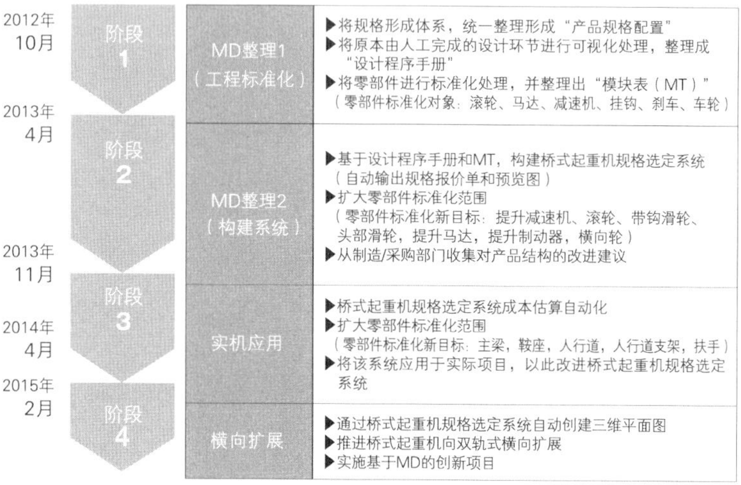

图1-18　项目经过

　　先通过开发"设计程序手册"将设计程序可视化（第1阶段），然后构建"桥式起重机规格选定系统"（第2阶段）来为模块化设计（MD）打好基础，最后再推进实机应用（阶段3）和横向扩展（阶段4）。

　　所谓产品规格配置，就是使产品规格更系统化。以前，人们从未对规格的分类和术语进行过统一，设计师之间也存在着理念上的差异，公司无法对所输出的设计成品进行准确的定义。因此，公司从客户需求的角度出发，梳理出所有产品的规格，对规格分类和术语也进行了统一，以便能自动输出设计成果。

　　所谓"设计程序手册"，顾名思义，就是将设计流程进行可视化处理。尽管整体上看设计师之间对于设计程序是有共识

的，但有些细节却会因人而异。除非设计程序统一，否则即使
输入相同的客户规格，也会呈现出不同的设计成果，从而无法
实现 MD 和设计自动化。

▶ 统一管理所有规范信息

　　MT 则是一种数据库，事先选定一些模块数值作为产品的
设计参数和标准件规格，同时将这些数值归纳到数据库中。设
计师根据设计程序手册进行设计时，参考该 MT 就可以选出满
足客户要求的标准件。在构建 MT 的同时，公司也对以往由设
计师们各自选定的滚轮、电机和减速器等零件进行了标准化处
理，并把处理后的零部件作为标准件来选用。

　　通过整理产品规格配置、形成设计程序手册和构建 MT，
前期基础工作基本完成，基本达到"无论由谁来设计，只要
输入的客户规格相同，输出的设计结果也必定相同"的效果。
因此，在第二阶段，日立 Plant Mechanics 便开始构建自动化系
统——"桥式起重机规格选定系统"（图 1-19）。

　　构建该系统首先要做的，便是将客户规格输入到专用表格
中，从向客户询问需求，到掌握必要的规格信息，大约需要
30 分钟。

　　但是，单靠客户给出的规格信息还不足以支撑起整个产品

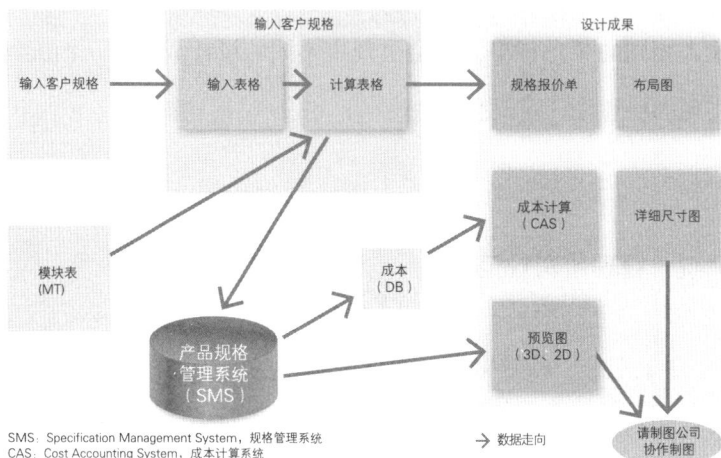

SMS: Specification Management System, 规格管理系统
CAS: Cost Accounting System, 成本计算系统

图 1-19 "桥式起重机规格选定系统"的现状

在理想情况下，产品规格管理系统（SMS）中可以集中管理所有数据，并从中输出所有设计成果。但目前 SMS 还不够完善，因此需要将 SMS 的数据和成本 DB 组合到一起才能计算出成本，然后从计算表格中输出规格报价单。

或零件的规格计算。于是，设计人员又追加了一些设计参数到"输入表格"①。设计师利用上述数据，在"计算表格"中进行规格计算后，再将计算结果（即产品规格）存储到"产品规格管理系统（SMS）"中。

计算表格是使用附加到电子表格软件 Microsoft Excel 的宏语言 VBA（Visual Basic for Applications）来创建的。之所以使

---

① 这里设计人员所输入的设计参数包括"绳子直径"等数据。

用 VBA 语言，是因为在这种语言下，即使不熟悉 IT 的设计人员也可以轻松改进计算形式。

SMS 是集中管理各种规格信息的系统，而桥式起重机规格选定系统的最终形式便是从 SMS 中输出所有设计产品（图 1-20）。然而，目前的 SMS 并不完善，还需要将 SMS 的数据和成本数据库组合到一起，才能计算成本，然后从计算表单中输出规格报价单。此外，SMS 还不能直接输出布局图和详细尺寸图。未来日立 Plant Mechanics 公司将继续完善 SMS，使其接近最终形式。

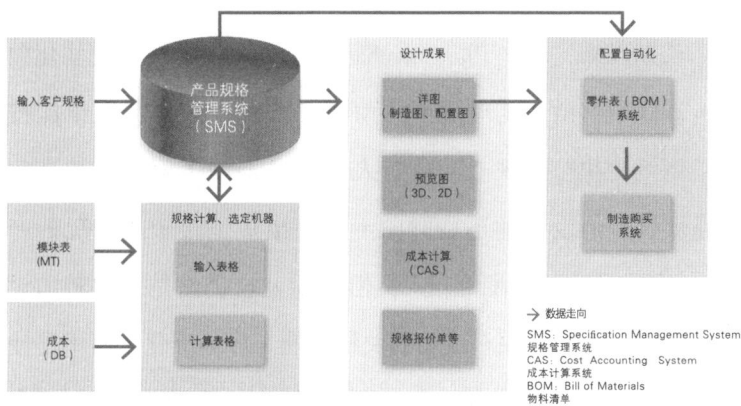

图 1-20 "桥式起重机规格选定系统"的最终形式

在第三阶段，公司开始运用 SMS 来设计小推车式桥式起重机，以验证其实用性，同时扩大零部件标准化的范围。在第四阶段，公司则推进桥式起重机向横向扩展，设计双轨提升式起重机。第四阶段已于 2015 年 2 月完成。

日立 Plant Mechanics 的目标是未来将自动化范围扩展到"详图输出"和"零件配置"领域。当前的桥式起重机规格选定系统还无法输出实际生产所需的生产图纸和配件图,"两个零件紧固在一起时,开孔位置要设置在哪里"等细节问题还需更加细化。因此,公司将继续推进模块化进程,以早日实现生产图纸和配件图的自动输出。

此外,通过与物料清单(BOM)系统和制造采购系统协调,公司还将推进零件配置的自动化,并计划将类似系统应用到其他产品中。

长期以来,日立 Plant Mechanics 公司一直致力于模块化项目,却收效甚微。其理由不一而足,既有"创建新图纸比搜索老图纸更快"的观点,也有人认为"即使了解到了标准化的重要性,但设计师还是倾向于设计出最适合个体情况的产品"。虽然称之为"标准化",但实际上它仍然是一种转向设计。如上所述,该项目成功的关键是使工序标准化,而不是使事物标准化。日立 Plant Mechanics 正因为花费了大量的时间和精力去开发具有高度完整性的产品规格配置和设计程序手册,才能最终实现设计自动化。

第二章

制造业强大的秘诀——
"铁壁循环"

1 赢得客户信赖，建立"铁壁循环"

循环的起点到底是什么？

日本有许多竞争力很强的设备制造商，其中不少企业已经占领了全球市场。从客户的角度来看，自家公司所用设备的市场被垄断或寡占并不是一件好事。虽说如此，但世界各地的客户仍满足于日本设备制造商的产品。为什么日本的设备制造商如此受欢迎？秘密就在于"铁壁循环"。

客户是欧美一流企业，在中国设工厂，大量使用日本设备——这就是全球最大的 EMS（电子设备承包制造服务）公司富士康一直追求的企业特征。富士康通过接收美国苹果公司的大批量产品订单而迅速发展起来，对于富士康来说，产能高和可靠性极佳的日本设备是必不可少的。

▶成为客户首选

日本制造业曾以压倒性优势席卷全球市场，如今这种地位早已受到威胁。富士康在电气行业的崛起就是这种变化的象征。

在这种情况下，富士康对日本设备的格外青睐恰恰凸显了日本设备的实力。在富士康的工厂中，部分设备已被中国的产品所取代，但重要的设备仍是日本制造。

不仅是富士康工厂所使用的日本设备，还有其他几家日本设备制造商几乎垄断了全球市场。例如，生产半导体晶片加工设备的 DISCO 公司，在切割锯和激光锯领域的市场份额约占全球的 70%，在行业内首屈一指。

作为 DISCO 客户的日本大型半导体企业，除个别领域外，大多数都一直在艰难挣扎。而 DISCO 则经营状况甚佳，曾在 2011 年和 2012 年连续两年实现利润率 10% 以上。这是因为，DISCO 的加工设备不仅得到了日本半导体制造商的高度评价，还得到了世界各地半导体制造商的高度评价。DISCO 通过响应每个客户的需求，不依赖特定客户，才确立了这样高的地位。如今，半导体制造商的新订单总会最先送到 DISCO。

从 DISCO 的例子可以看出，日本设备在世界上如此受欢迎的原因，就是他们不遗余力地赢得客户的信赖。正因为有众多客户的信任，他们才可以比竞争对手更早地掌握最前沿需求，开发满足这些需求的技术，并提供能被广大客户接受的产品（图 2-1），客户信赖度也因此进一步提高。通过持续进行

这样的"铁壁循环",公司可以巩固自身基础并建立起阻挡老
竞争对手反击和新竞争对手进入的壁垒。

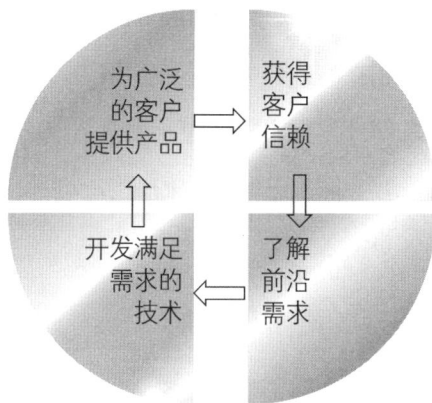

图 2-1　铁壁循环

企业通过获得客户的信赖把握最新需求,开发满足需求的技术并向广泛的客户提供产品,基于此循环建立起压倒性的地位。铁壁循环的起点就是获得客户信赖。

恒温恒湿控制器等环境测试仪领域的日本巨头公司 Espec
也通过类似的循环拓宽了事业版图。Espec 在环境测试仪领域
的全球份额达到了约 30%,在他们的产品里,二次电池充放
电测试仪销售势头强劲。特别是锂离子二次电池,因为这种电
池可能会因周围环境变化而引发着火或爆炸,所以使用常规产
品进行测试是很危险的。

因此,Espec 推出了二次电池专用的测试仪。该产品之所
以广受好评,是因为它具有普通产品所没有的安全性能和防爆

结构，同时还削减了二次电池环境测试中不必要的功能，从而降低了价格。

Espec 能够快速将二次电池充放电测试仪推向市场的原因是，基于与客户建立的信任关系率先掌握了产品需求。公司开发总部产品开发部部长梶本薫认为，由于 Espec 之前用通用规格的产品满足了客户需求，因此他们是第一个收到二次电池环境测试相关的客户需求的公司。

▶44万种以上的产品规格

日本设备制造商赢得众多客户信赖的方式大致有 3 种：①追求通用技术；②追求最佳设计；③追求价值提供。

①指的是利用通用技术而非具体产品确立公司优势。前文中提到的 DISCO，就将自己的优势定义为"切割技术和切割结果评估标准"，而非具体产品。如果将这种通用技术大力推广到客户面前的话，客户会自然而然地认为"新的切削加工难题应该交给 DISCO 来解决"，DISCO 就可以快速掌握最新需求并为更多的客户开发产品。

②是努力优化基础设计，以满足客户的各种需求。上述 Espec 公司的全部环境测试仪的规格超过了 44 万种，但这些规格都是通过标准化单元和可选装置的组合产生的。因此，竞争

对手需要花几个月的时间来设计的订单，Espec 可以在几乎不用重新设计的情况下完成。

③指的是不仅销售设备，还包括支持使用设备的客户业务。例如，聚对苯二甲酸乙二醇酯（PET）螺栓的成型机制造商日精 ASB 公司将成型机安装在客户工厂后，还要保证在实际的量产条件下能够生产出客户所需的螺栓。目前似乎还没有其他竞争者能做到这么彻底。

以上三种方式不仅对设备制造商有用，对消费品生产商和零件制造商同样有用。对于打算进军全球市场的公司来说，将尖端需求普遍化以应对各种需求的态度很值得借鉴。此外，消费品生产商和零件制造商还务必要对周边实力雄厚的设备制造商加以重视，借助地缘优势，充分利用既有资源。

2　DISCO 激光锯

追求通用技术，从"切割"的角度扩展业务领域

　　从某种意义上来说，位于东京大田区的 DISCO 总部可以说是尖端半导体的聚集地。生产半导体晶圆加工设备的 DISCO，不断收到半导体制造商希望利用新设备进行"试切"的要求（图 2-2）。若要设计新设备，大家也总是不约而同地向 DISCO 进行加工咨询。

　　DISCO 在半导体晶圆加工设备领域已经确立了牢固的地

图 2-2　试切的楼层

整个楼层都是试切的房间，客户可以将工件带至此处进行试切。

位，在划片机（用刀片切割晶圆的设备）、研磨机和抛光机这三个领域中的全球市场份额均达到约70%。

目前，激光锯成为 DISCO 公司新业务的支柱。激光锯的原理是利用激光的能量切割晶圆，并对其内部进行修饰（图2-3）。激光锯的市场需求迅速增长，因为它们可以应用于脆性材料（例如用于半导体的 low-k 膜）和硬质材料（例如 LED 蓝宝石衬底）的切割，而这些材料很难用划片机处理。通过

图 2-3　激光锯

支持烧蚀处理的 "DFL7000" 系列产品，用于切割半导体的 low-k 膜。照片来自 DISCO。

迅速捕捉这种最前沿的需求，DISCO 确保了激光锯领域约 70%
的全球份额。

▶业务范围是"KKM"

激光锯与划片机都是用于切割物体，但二者所使用的切割
技术却大不相同。在进入激光锯领域之前，DISCO 在激光和光
学相关方面几乎没有技术积累。

但是，DISCO 选择进入市场时丝毫没有犹豫。这是因为，
DISCO 不是从半导体晶片加工设备等产品角度，而是从"切割
（Kiru）"、"削薄（Kezuru）"和"抛光（Migaku）"等技术角度定
义其经营方针中的业务领域。在日语发音中，这三种技术的首字
母合起来写作"KKM"，因此 DISCO 将这种理念称为"KKM"。

如果没有 KKM 的概念，DISCO 可能会担心自己能否在没
有任何激光和光学相关技术的情况下自行开发激光锯。实际上，
在决定 KKM 的定义之前，DISCO 内部从总裁到普通员工都认
为公司靠生产砂轮起步，因此砂轮才是强项，而激光锯似乎是
一个完全陌生的领域。但是，一旦将 KKM 作为业务领域写进
公司方针里，那么按照公司方针进军激光锯领域是必然的。

缺少激光和光学相关技术并不是主要问题，因为激光和光
学相关技术只是切割手段。实际上，在"切割"业务方面，

DISCO 最看重的是评判切割结果的"评估体系"。早在几年前，DISCO 就已经在"切块锯"业务中建立起一个评估体系，即通过工件、加工设备、加工条件、加工结果之间的关系来评价切割结果。

当然，竞争对手也有类似的评估体系。但在广度和深度方面，DISCO 对自己的评估体系充满信心。公司专门负责 KKM 的工程师将开发试切和加工设备作为自己的人生意义所在，正因为如此，DISCO 才可以基于内部的评估体系来判断加工结果的好坏。这样一来，不仅评估时间缩短，DISCO 还能向客户推荐合适的加工设备。相比之下，DISCO 的竞争对手通常是将最终决定权留给客户。

从客户的角度来看，他们当然更愿意选择 DISCO。因此，DISCO 通过试切率先获得了最新工件的相关信息，并以此为基础开发出了新技术和加工设备以提供给更多客户。整个流程形成一个良性循环，DISCO 的评估体系也因此得以不断优化。

▶产品也会销售给其他半导体制造商

进入激光锯领域也是这种循环产生的结果，最初应用激光锯的工件是半导体的 low-k 膜。

那时，大规模集成电路（LSI）中接线的层数不断增加，随之而来的就是层与层之间的绝缘问题。这时，low-k 膜作为绝缘材料引起了关注。但 low-k 膜一般利用多孔材料进行绝缘，当使用划片机切割包含许多空腔的 low-k 膜时，low-k 膜会发生弯曲致使无法整齐切割。

在这种情况下，海外的半导体制造商开始请求 DISCO 开发使用激光的切割设备。具体而言，就是想通过"烧蚀处理"来切割和去除 low-k 膜。这里的"烧蚀处理"，就是指将激光束的能量聚集在 low-k 膜的表面上使其升华或蒸发以达到切割和去除 low-k 膜的目的，然后再用划片机切割整个晶片。

为满足客户的这一需求，DISCO 毫不犹豫地进军激光锯领域。激光头是从专业生产商那里定制的，产品质量有保证，而光学相关技术的问题则是聘请了专业工程师。就这样，DISCO 很快建立起了激光锯的开发体制，生产出可满足半导体制造商要求的激光锯。但是，当时半导体制造商还向 DISCO 以外的其他加工设备制造商提出需求，该竞争对手最终获得了半导体制造商的订单。

然而，这对于 DISCO 而言并不是什么大问题。DISCO 转而将新开发的激光锯销售给了其他半导体制造商，结果迅速获得了激光锯领域的压倒性市场份额。原本领先的竞争对手被大型半导体制造商的严格要求弄得焦头烂额，反而在销售渠道的扩大上落后于 DISCO。DISCO 的总裁兼开发部部长关家一马曾说："从结果来看，我们的成功也有运气的成分。"

此外，最初接触 DISCO 并请求其开发激光锯的半导体制造商，因为其生产车间用惯了 DISCO 的划片机，一线工人希望使用 DISCO 激光锯的呼声越来越高，于是该公司也在几年后转向了 DISCO，这也是对 DISCO 用户接口的高度认可。而这种用户接口，正是 DISCO 在以往的产品业务中有意识培养起来的。

▶比对手快1~2年很重要

激光锯从可切割硅膜的类型逐步发展到可同时切割 low-k 膜和硅膜的类型，在此基础上，DISCO 还在积极扩展激光锯的应用领域。例如，激光锯可以用来切割 LED 蓝宝石基板，以改进硅膜的内部质量。目前，DISCO 公司已经确定激光锯可以应用于两个新的领域。除此之外，DISCO 还将发掘大约 5 个用途。

像其他加工设备的情况一样，激光锯的开发与生产也正在被竞争对手追赶。模仿 DISCO 的产品也相继出现，但 DISCO 高层并不是很在意，他们认为，"在这个行业中领先一两年非常重要"，如果能在最初阶段取得领先地位的话，就可以占据先发优势，以较高的价格出售产品并收回开发投资。

　　总的来说，DISCO 之所以能够始终领先于竞争对手，是因为它通过试切最先获得了前沿的加工和材料信息。今后的 DISCO 将继续秉持 KKM 的理念，目标是使 DISCO 始终都是客户的第一选择。

3 东北电子工业公司的超微弱发光检测仪

学术论文促使光子测量转向工业用途

　　东北电子工业公司（总部位于日本仙台市）独辟蹊径，创造了特有的铁壁循环。他们开发的是一种用于检测极弱光线的"化学发光检测仪"（图 2-4），产品卖点是超高灵敏度，可以检测到约 50 个光子的亮度。50 个光子是什么概念呢？大约是一个萤火虫发光亮度的万分之一。

图 2-4　东北电子工业公司的"化学发光检测仪"

东北电子工业公司于 1980 年制造了第一台设备，此后他们陆续在树脂、油漆、化妆品、药品、生物化学、基础医疗、食用油以及食品等多个领域售出近 600 台产品。实际上，在捕获光子这一超高灵敏度的检测领域，东北电子工业公司的市场份额达到了近 100%。该公司的基本策略是以捕获微弱光线的技术为基础，逐步扩大其应用范围。

通过测量微弱光，可以知道有机物的氧化状态。上述领域的共同点就是处理的对象都是有机物，而氧化是降低有机物品质和耐用性的主要因素。但在开发之初，东北电子工业公司并没有想这么多，当时他们并不十分清楚自家技术的应用领域。

▶ 与东北大学的共同研究

超微弱发光检测仪的诞生可以追溯到 20 世纪 70 年代。第一代检测仪的研发者是东北电子工业公司现任社长山田理惠的父亲，也就是公司的创始人山田彰夫先生。他是当时的总裁兼现任董事长，曾是 NEC 的高级研究员，负责开发与无线电相关的技术，37 岁时从 NEC 离职，于第二年（1968 年）创立了东北电子工业公司。公司当时的主要业务是开发控制激光的驱动器的 OEM，目标是以研发能力带动企业成长，成为技术巨头。

当时，东北大学一位从事激光相关研究的教授向山田彰夫提议共同开发一种用于检测微弱光的装置。他们花了大约一年的时间，制造出了现在产品的原型。这款原型具有同类产品无法企及的高灵敏度，因此山田彰夫认为可以将其作为一种检测仪器销售出去。于是，经由共同开发的教授介绍，山田彰夫把设备带到了东北大学农学院，就其用途进行了咨询。农学院的老师告诉他，油氧化时会产生微弱的光，这一装置也许能用来检测有机物的氧化现象。于是，他们想到了用检测微弱光的装置来调查食用油，特别是方便面的劣化程度，并将其作为一种商用化产品推向市场。

▶有机物氧化时会发光

油氧化后会形成过氧化物，在这种状态下加热时，过氧化物会分解并化学发光，不仅是油，大多数的有机物都有这种特性。

这款化学发光检测仪可以测量约 50 个光子的微弱光。此外，因为该装置装有光谱分析用滤光镜，所以还可以进行颜色分析。如图 2-5 所示，左下方的抽屉中有一个培养皿，可将样品放入此处进行检测。培养皿中放的是聚碳酸酯纤维。东北电子工业公司开发的仪器能捕捉到这种化学发光，简而言之，样品发出的微弱光可以通过光电子倍增管检测出来。

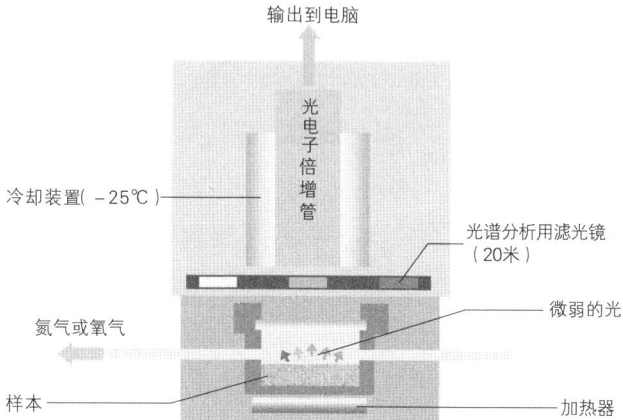

图 2-5　化学发光检测仪的测量数据图

　　超微弱发光检测仪原理图示。图片内容来自东北电子工业公司的
资料。

　　虽然原理很简单，但要使它成为可用的设备还是需要不少
功夫的。首先，要指定光电倍增器的购买规格，并对设备进行
调整；其次，要完全阻挡仪器内部的光线；此外，还要冷却
到-25℃来抑制电子噪声……诸如此类的注意事项还有很多。

　　在实际测量中，将样品放入培养皿中并投入样品室，一边
通氧气一边用加热器加热，样品中的过氧化物分解，第一次出
现发光的峰值（图 2-6），这表明了样品的氧化程度。例如，
比较树脂原材料和再生材料的峰高就可以知道再生材料的氧化
程度。

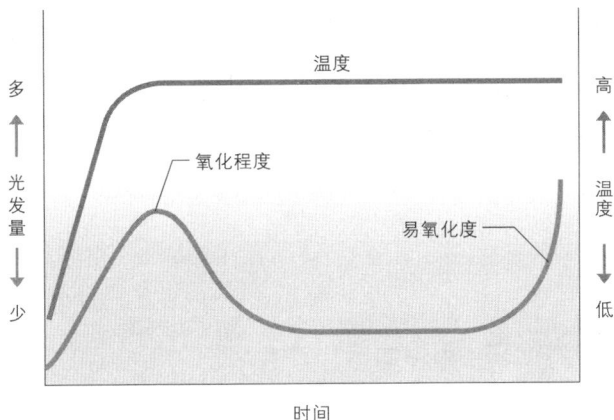

图 2-6 化学发光检测仪的测量数据图

第一个峰表示样品的氧化程度，到第二个峰出现的时间表示样品氧化的难易度。图片内容来自东北电子工业公司的资料。

接下来，随着检测的继续，样品中的所有过氧化物都会被分解，从而使发光减弱。但是，在氧气中加热会促进氧化并产生过氧化物，这会在几个小时到一周内导致一个新的峰值产生。从检测开始至此所需的时间表明了样品的氧化程度。以前使用氙气灯进行的常规加速检测需要花费几个月的时间，但超微弱发光检测仪由于可捕获极早期的氧化情况，因此可将检测时间最短缩短到几个小时。

尽管该设备具有如此出色的性能，但在开发之初销路并不好，原因是找不到超高灵敏度的用途。当销售人员将检测仪带到食品生产商那里，跟人家说这个仪器可以知道氧化程度，食品生产商只会很生气地喊："我们的产品没有被氧化！"

但是，自从 1991 年山田加入公司后，情况就完全改变了，铁壁循环开始运转起来。对此做出重大贡献的是发表的各种论文。

▶通过学术论文，赢得信任

在东北大学农学部修完博士课程后，山田入职了一家测量仪器制造公司，之后又以研究员的身份参加了当时日本科学技术厅（JST）实施的项目，一直奋斗在研究的第一线。随后，山田加入了东北电子工业公司。

山田根据以往的经验，首先瞄准了大学实验室，提出了"超微弱发光检测仪可以用于什么样的研究"这样的想法。检测仪的应用范围并不仅限于食品行业，比如在医学领域，它可用于测量血液中的脂质过氧化物，因此可以使用该设备进行高脂血症药物疗效的相关研究。

这些提议起了很大作用，以大学实验室为中心，产品开始畅销起来。随后，引进该设备的研究人员开始在论文和学会上陆续发布检测结果。由于在此之前还没有可以准确测量氧化过程的设备，因此检测结果价值很高，包含该设备测量结果的论文超过 450 篇。依靠学术成果的支持，这款设备赢得了研究人员的信任。

学术论文的发表带来意想不到的效果，看过学会发表和论文的其他研究人员也接二连三地询问起设备来，最前沿的需求不断涌来。究其原因，是研究人员热衷于科研，为了了解自己研究领域的最新动向查阅了论文，进而被吸引。

▶ **定制产品走向海外市场**

此后，为了满足各种需求，定制产品变得越来越重要。这是因为，领域不同，需要重点测量的波长和所需的灵敏度也发生了变化。而这些与作为核心部件的光电子倍增管的特性有关，因此需要进行微调。在此基础上，东北电子工业公司认真响应每个客户的需求。比如，一次要测量 6 个样品、想要在设备内部安装一个灯来促进样品的氧化、想在高温氧化环境中测量样品等多种需求不断涌现出来。

东北电子工业公司成功地从中创造了一个新的产品系列，并于 2008 年 12 月实现了商业化，其测光单元使用了高灵敏度 CCD（电荷耦合元件）相机。虽然灵敏度低于使用光电子倍增管型的灵敏度，但可以拍摄到氧化过程（图 2-7），因此可以观察到氧化机理并发现抗氧化的方法。而且，许多客户同时购买了 CCD 型和光电子倍增管型，这极大地促进了业务的扩展。

PP（不添加抗氧化剂）
PP（添加1.0%抗氧化剂）
PP（添加0.5%抗氧化剂）

200℃、氧化气氛

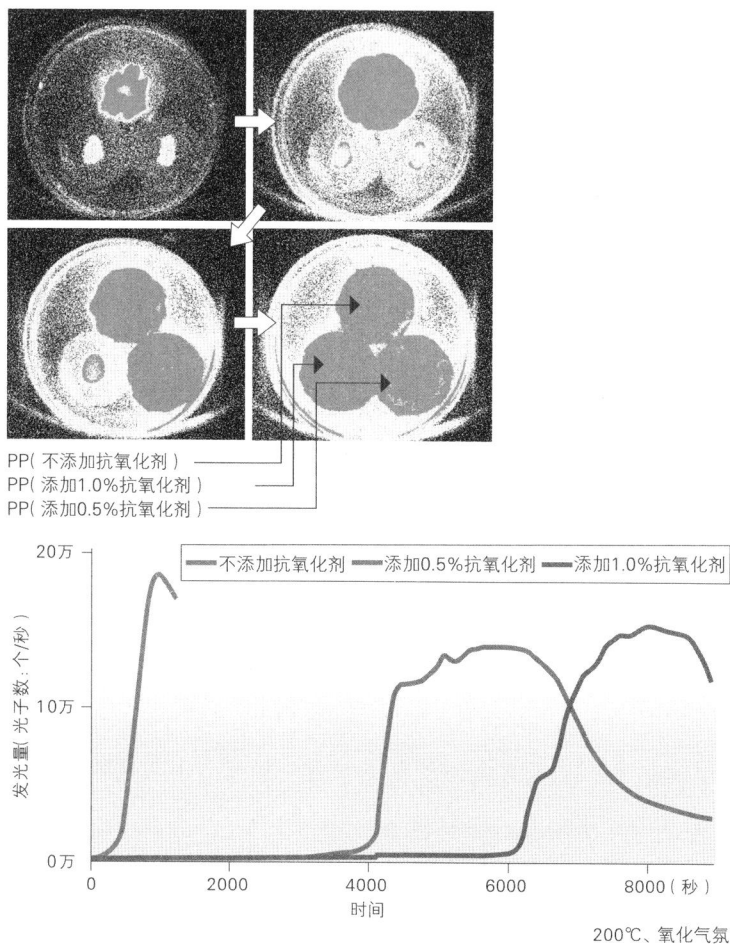

图2-7 CCD型化学发光分析仪的测量数据图

观察了没有添加抗氧化剂和分别添加0.5%、1.0%抗氧化剂的PP氧化视频。照片是从视频中剪辑出来的。可以清楚地看到，添加的抗氧化剂的量不同导致氧化的进程也不相同。图片内容来自东北电子工业公司的资料。

东北电子工业公司还在 2013 年 5 月发布一款新产品,该产品将光的测量间隔缩短了一个数量级,并提高了测量的稳定性。

东北电子工业公司还将致力于化学发光分析仪的海外扩展,目前已售出的约 600 台仪器中,只有 50 台售往海外。为了扩大海外销售量,东北电子工业公司计划和韩国、中国台湾、新加坡、美国、英国的代理商签署合同,并将设备运到当地以供客户在购买前体验。

4　追求最佳设计的 Espec 环境测试仪

通过模块化实现多品类、短交期

如果你去参观研发基地或工厂里的试验室的话，大概率会看到 Espec 的环境测试仪（图 2-8）。为什么这么说呢？这是因为，Espec 在这个领域的市场份额约占日本国内的 60%、全球的 30%，两者均为最高。

图 2-8　Espec 的环境测试仪

环境测试仪中主要的恒温恒湿控制器 "Platinous J" 系列（2011 年发布）。"J" 来自 "Japan" 的首字母，体现了 Espec 公司 "重振日本产品" 的想法。照片来自 Espec。

环境测试仪是一种为诸如耐久性测试、设备与零件寿命测试等各种测试创造所需环境的设备。但环境测试仪并不是一个产品，而是恒温恒湿控制器、加速寿命测试仪等一系列产品的总称。

Espec 之所以能赢得许多客户的信赖，不仅在于其产品本身的性能优秀，还在于从收到客户的各种要求到交付产品之间的时间之短，而比竞争对手更快交付的关键，就是模块化设计。

▶ 根据需求选择单元组合

基于彻底的模块化设计，Espec 的环境测试仪能共用具有相同功能的单元而无须考虑产品差异。具体来说，Espec 的环境测试仪共有五个单元，分别是：①试验箱单元；②门单元；③电气单元；④制冷单元；⑤水回路单元。将这五个单元组合在一起，可以生产出任何产品（图 2-9）。但是，某些产品也可以不使用制冷或水回路单元。

每个单元有数十种到数百种类型，可以满足所有客户的需求。当收到客户的订单咨询时，Espec 不必设计新的产品或单元，只需根据要求选择合适的单元类型。这样一来，Espec 就实现了竞争对手望尘莫及的短交货时间。由这些单元组合而成的产品，规格称为"标准型"。

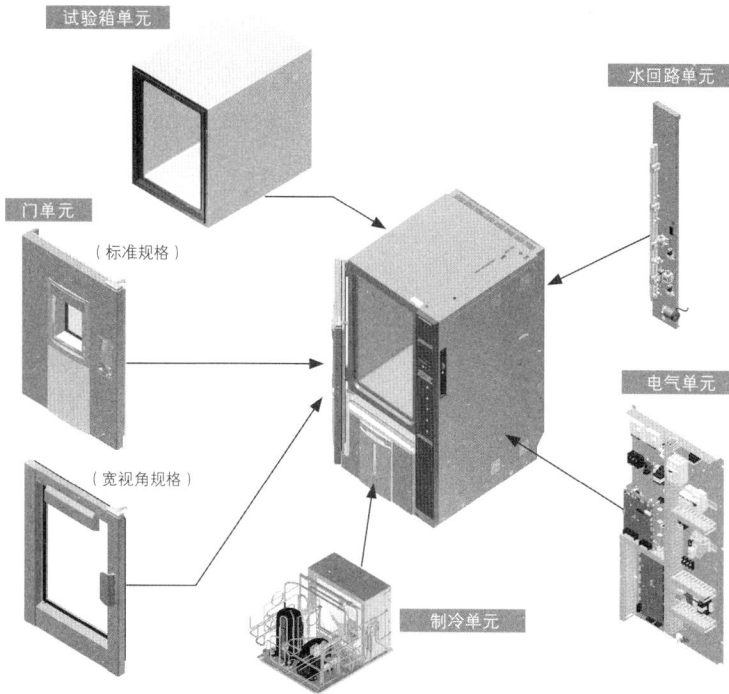

试验箱单元

水回路单元

门单元

（标准规格）

电气单元

（宽视角规格）

制冷单元

图 2-9　组成环境测试仪的单元

　　每个单元有数十种到数百种类型，不同类型单元的组合就构成了环境测试仪系列产品的所有基本规格。同时可选装置的种类也很丰富，因此环境测试仪系列产品的规格超过了 44 万种。图片内容根据 Espec 的资料编成。

　　对于除标准型以外的与产品基本功能和性能无关的零件，Espec 称之为"可选装置"，例如安装在环境测试仪上的指示灯和专用盖。形成最终产品时，首先要选择某一个标准型，然后在其基础上添加必要的可选装置。

　　因此，从理论上来说，最终产品的种类是标准型的数量与

可选装置数量的乘积。例如，恒温恒湿控制器的主要产品
"Platinous J"系列的标准型数量为 55，可选装置数量为 115，
假设客户选择两种可选装置，那么该产品最终会有至少约 36
万种规格。同理，加上其他产品的话，整个环境测试仪有至少
44 万种规格。

但是，Espec 并没有事先对所有组合都进行细致的设计，
也没有验证其设计的有效性。原则上，对于标准型单元的组
合，Espec 仅验证了与其基本功能、基础性能、安全性等相关
的主要部分。除此以外的部分及可选装置都是接到具体订单咨
询后才会进行设计和验证的。由于设计成本和人力的限制，
Espec 对询价前后需要设计和验证的对象进行了明确区分。

为了实现这种模块化，Espec 在设计上下了很多功夫，第
一个改变就是结构方面。除了在每个单元中预留可选装置的空
间外，设计人员还在壳体上设计了很多孔，用于安装可选装置
或使配线通过。

▶兼顾多规格与开发效率

Espec 最大的强项是：力求以多规格的产品来回应客户需
求，同时要做到兼顾设计的模块化和合理化。在多规格产品的
设计方面，如果在收到客户的要求后才着手设计整个产品的

话，就会导致交货时间变长、利润率降低。因此，通过模块化设计，可以兼顾多规格产品的生产和开发效率。

另外，Espec 的许多海外竞争对手一开始就没有开发多规格产品的想法，也没有像 Espec 一样大的产品阵容。他们的意识禁锢在销售标准化产品上，也因此常常无法满足客户对非标准产品的需求。这些被海外竞争对手拒绝的客户，很多都转而向 Espec 提交订单。

Espec 通过模块化实现了多规格产品的生产开发，继而凭借这一压倒性优势吸引了客户。同时，设计的模块化还使 Espec 的交货时间较竞争对手更短，从而赢得了客户的加倍信赖。通过这样的循环，Espec 可以快速掌握客户的最新需求，并进一步巩固事业基础。最初提出多规格产品对应需求的大多是日本国内的客户，但近年来以德国为中心的欧洲客户也了解了多规格产品的益处，这有利于 Espec 的优势得以进一步发挥。

不过，仅凭设计的模块化无法实现交货时间的缩短。虽说是推算结果，但要实际生产出规格多达 44 万种的一系列产品也必须有一个体制来支撑。在模块化的前提下构筑灵活的生产线，就是实现快速交付的另一个关键要素。这样一来，大多数产品就可以在公司收到订单后的 16~20 个工作日内发货。

生产线构筑的基本思想是保持较高的零件自给比例。Espec 环境测试仪的五个单元及其所用的主要零件都是在该公

司的主要生产基地——福知山工厂生产的。以外壳的钣金零件
为例。在福知山工厂中有一处专门用于钣金加工的厂房，内设
有丝毫不逊于专业钣金制造商的加工设备，因此外壳的钣金零
件几乎都是在 Espec 内部生产的（图 2-10）。

图 2-10　环境测试仪生产线

左边是组装，右边是外壳的钣金加工和组装。为了能够在短时间内交
付大量不同规格的产品，Espec 将许多加工流程整合到了自己的工厂中。

▶与优秀的零件制造商合作

　　Espec 非常重视零件自给的原因是，通过防止外包导致的供应链延迟，有效缩短实际交货时间。客户的订单多种多样，有的客户"只需要一台用于验证开发的新产品"，而有的客户"需要 100 台产品投入生产线以便开始量产"，特别是对于像后者一样的大批量订单而言，通常很难做到在短时间内交货。而 Espec 的特点就在于，竞争对手需要花费很长时间才能交货的订单，Espec 也能在与小订单相同的时间内交货。

　　当然，并非所有的零件都是在 Espec 内部制造的，有些需要外包给其他公司。由于单元种类很多导致零件种类也很多，于是 Espec 就和有能力应对多种产品的公司建立了合作关系。这也是日本国内优秀零件制造商众多的优势。

5 连续水洗机"Aquapass"

工件不同，流程不同

在制造业中，"清洗"是生产过程中必不可少的一环，清洗的对象及洗净程度决定了清洗的最佳流程。为满足不同需求，各种不同型号的设备和清洁剂相继被研发出来。其中，有一家清洗设备制造商通过其清洗机产品"Aquapass"，扩大了水和超声波清洗的应用范围（图 2-11）。该产品结构独特并采用了独特的清理原理，即不使用任何有机溶剂或水基清洁剂。

图 2-11　利用水和超声波清洗的"Aquapass"

这家清洗设备制造商就是位于以烤肉闻名的日本贺县有田町的 Aquapass 公司。

▶带开口的清洗槽

Aquapass 结构上的最大特点是，清洗槽的前后都有开口可供传送带通过（图 2-12）。这一结构是为满足客户需求，于 1989 年 3 月开发的。当时的客户使用的是普通的倾斜式水洗机，即通过倾斜的传送带将工件送至水洗机下方的洗涤槽。这样一来，设备的长度就增加了，因此客户要求缩短清洗机的长

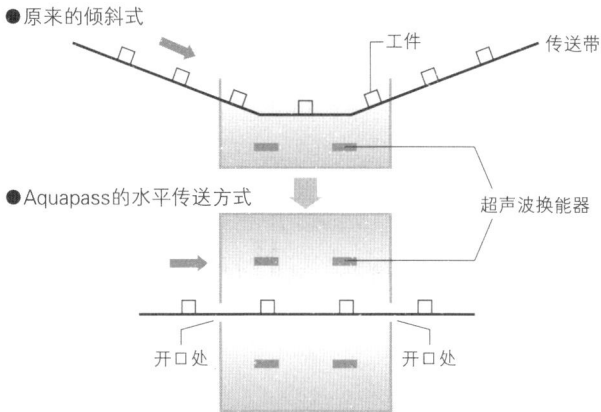

图 2-12 采用水平传送的方式缩短设备长度

第一代 Aquapass 在清洗槽的前后都设计了开口以供传送带通过。这样一来，传送时传送带无须倾斜，从而缩短了清洗机的长度。

度并将其并入生产线。Aquapass 公司原名叫"今泉铁工厂"，当时生产的是将有田烧的原料压碎并使之与水混合的陶瓷机器以及工件的供给装置等自动化设备，因此客户选择了 Aquapass 公司进行设备开发的相关咨询。

最初以工程师身份入职 Aquapass 的平川善博（Aquapass 公司前社长兼 CEO）为 Aquapass 进军自动化设备领域做出了巨大贡献。他是设备方面的资深设计工程师，负责设计各种自动化设备。客户原先使用的清洗机仅清洗部分就长达 6m，但平川新设计的带开口的清洗机长度只有 2.5m，不到原来的一半。这就是第一代 Aquapass。

此外，在环保方面，Aquapass 也引起了客户的关注。当时清洗用的氟利昂类有机溶剂因为会导致臭氧层空洞，被视为一个大问题。因此，相关国家协议通过了"全面禁止使用氟利昂类有机溶剂"的《蒙特利尔议定书》，不使用任何有机溶剂或清洁剂的 Aquapass 被评为了环保型设备。

乘着这股风，Aquapass 有了稳定的订单来源。客户是这样评价 Aquapass 的："使用 Aquapass 后，不良率下降了，全检变成了抽检，成本也得到了降低。"这是对 Aquapass 除异物性能的高度评价。Aquapass 的工程部部长前田健一说："某客户调查过清洗后的电子部件（要求高度清洁的产品），发现残余颗粒数比海外制造的清洗机少了一个数量级。"

▶使用水幕提高清洁能力

Aquapass 的清洁性能为何如此卓越呢？原因是该设备可以在前后开口的情况下，保持清洗槽中的水位恒定（图 2-13）。按常理思考的话，若开口处排出了一定量的水，则补充排出量就可以保持水位恒定。例如，水可以从清洗槽的顶部供应，从前后开口排出。

但是，这种设计会降低清洁能力。Aquapass 的清洁功能主要取决于安装在传送带上下的四个超声波换能器，此处产生的超声波能去除附着在工件上的异物。但是，如果采用上述方法的话，水会流入清洗槽。这样一来，超声波就会被分散，导致无法精准地击中目标。

为了解决这个问题，Aquapass 在多次试错后终于想出了一种叫"水幕"的供水机制。"水幕"就是在两个开口的正上方设计两个细长的狭缝形供水口，利用水泵从中泵水，水流形成水幕，就会削弱从排水管流出的水的力度。这样一来，清洗槽中的水流减缓，对超声波的不利影响达到最小。

这种供水机制还可以从另一方面提高设备的清洁能力。由于水流缓慢，异物一旦被去除，就很难再重新附着到工件上。

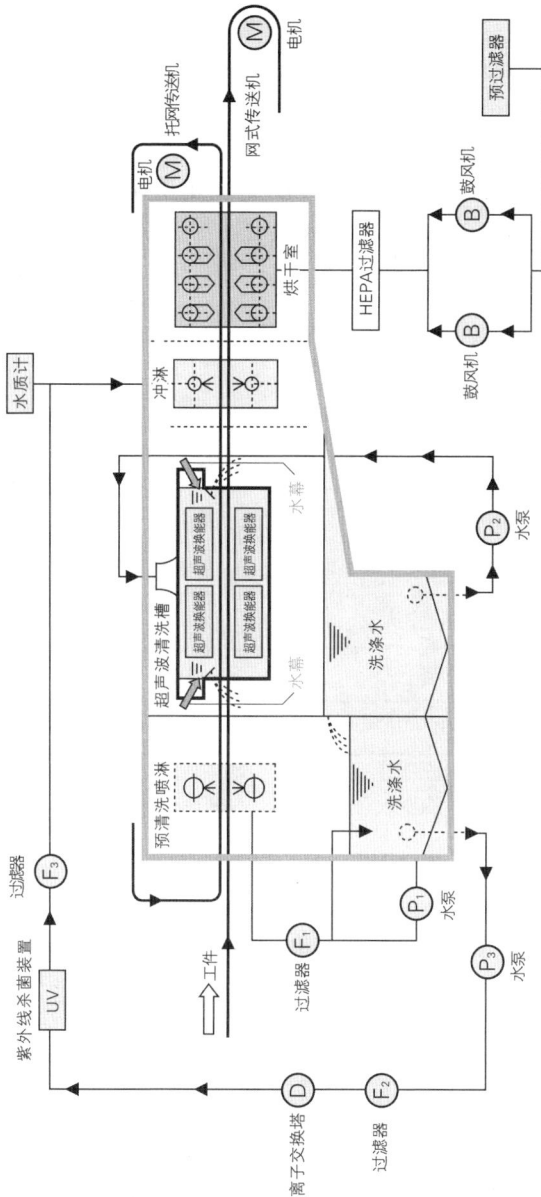

图 2-13 Aquapass 的组成

Aquapass 由四个单元组成，分别是预清洗喷淋、超声波清洗槽、冲淋和烘干室。超声波清洗机有上下四个超声波换能器，前后没有开口以保证传送带通过。开口上方有一条水平狭缝，供给水从狭缝流入以补充流出流口的洗涤水。由于供给水可以不断补充无流出的洗涤水，因此清洗槽内的洗涤水流变得平缓，并且可将超声波的干扰减到最小。洗涤水在清洗槽内循环。图片内容根据 Aquapass 的资料编成。

于是，同时满足降低环境负荷、实现高度清洁这两个需求的方法就找到了。为了发挥 Aquapass 高清洁能力的优势，公司改进了超声换能器和预清洗单元，并将其应用于印刷电路板等零件的清洁。当前 Aquapass 清洗机的主要用途是：利用高清洁能力清洁各个领域的零件（表 2-1）。

表 2-1　Aquapass 的出货记录

用途	台数（所占比例）
清洁印刷电路板	83 台（19.3%）
清洁 IC 封装	106 台（24.7%）
平板电视机零件的清洁	42 台（9.8%）
HDD 零件的清洁	65 台（15.2%）
汽车零件的清洁	101 台（23.5%）
其他	32 台（7.5%）

▶ 先试用，后下单

2012 年 7 月，Aquapass 公司设立了福冈研究所。研究所内配备了一台演示机，顾客可以通过演示机实际体验 Aquapass 清洗设备的所有功能，包括可选设备。总部工厂已经开始使用演示机对客户工件进行现场清洁。随着福冈研究所的成立，这种体制将得到进一步强化。

由于设备不使用去污力强的有机溶剂或水基清洁剂，所以难以清洗某些工件。例如：

①当异物与工件发生化学反应而附着在工件表面时；

②当异物黏稠时；

③当高度为 100 毫米以上时；

④当存在小的有底孔（一个不穿透但有底的孔）使超声波难以到达时；

……

Aquapass 公司认为，存在难以应用的工件，也就意味着存在新的需求。于是，他们通过开发各种技术，积累专业知识，逐步满足了这些需求。例如，通过内联的方式安装 Aquapass 来处理在①中发生化学反应的异物，以便在变脏时可以立即清洗干净。此外，针对④中的小直径有底孔工件，公司开发了专用的预清洁装置"标志喷射器"（图 2-14）。

小直径有底孔工件之所以难清洁，是因为水的表面张力使水难以进入孔内，超声波也无法到达小孔处。而标志喷射器是一种可选装置，通过从大量喷嘴中喷射高压水流来进行预清洗工件。喷嘴的直径小至 0.5 mm，并且每分钟可振荡 300 次。除了预清洗之外，几乎可以肯定的是，标志喷射器能使工件的上表面处直径为 1.5 mm 或更大的孔内充满水。

图 2-14　配备可选标志喷射器的 Aquapass

进行预清洗时，先使用标志喷射器（左侧）将底部的孔注满水，然后再进行超声波清洗。照片来自 Aquapass。

此外，Aquapass 公司还确认了自来水和纯水在清洁效果上的差异，检验了使用热水的效果，选择了最佳的超声波频率、强度以及最佳的运输网，在干燥工程中添加了加热器。通过以上一系列工艺流程和选项的组合，Aquapass 力求为客户工件打造最佳的清洁系统。

购买 Aquapass 时，通常需要 6~12 个月的时间才能确定最佳系统。由于最佳清洁条件因具体工件而异，因此必须恰当地利用迄今为止积累的技术和知识，对产品进行进一步改进，以便被更广泛的客户使用。

6 日精 ASB 机械公司的 PET 瓶成型机

追求价值提供，服务客户直至产出成型品

日精 ASB 机械公司的总部大楼大厅内摆放着各种各样不同形状和颜色的瓶子。这家公司是对苯二甲酸乙二酯瓶（PET 瓶）成型机的制造商，但办公楼展示区的主角却是 PET 瓶，一点儿也看不到成型机的影子。

这么做的目的是让客户一目了然地看到实际成型后的产品——PET 瓶。客户最终想要的成品本来就是 PET 瓶而不是成型机，因此公司的政策是：服务客户，直到他们能够使用成型机生产出所需的 PET 瓶。这一政策使公司赢得了客户的信任。作为一家成型机制造商，在展示区摆满了 PET 瓶而非成型机，也足以体现这一政策。

▶即使经济不景气，利润率也能达到10%

PET 瓶于 20 世纪 70 年代开始在全球范围内使用。1978

年，日精 ASB 机械公司成立，它是从当时的日精树脂工业公司独立出来的。随着 PET 瓶市场需求的增长，日精 ASB 机械公司业务不断发展。PET 瓶成型机大致可分为一步式和两步式两种类型。该公司一步式成型机（图 2-15）的全球市场份额约为 70%。

图 2-15　PET 瓶成型机

日精 ASB 机械公司引以为豪的一步式 PET 瓶成型机 "ASB_70DPH"。该公司在一步式成型机领域拥有约 70% 的全球市场份额。由预成型件成型机、拉伸吹塑成型机及其组合组成的系统称为两步式。照片来自日精 ASB 机械公司。

两种成型机的区别在于成型过程不同。PET 瓶成型的主要步骤有预成型和拉伸吹塑成型两步。预成型就是将熔融树脂注入模具中，以制成具有简单形状的预成型件；而拉伸吹塑成型则是将预成型件纵向拉伸并吹入压缩空气，使之横向膨胀，以形成所需形状。

一步式成型时，预成型和拉伸吹塑成型是在一台机器内连续进行的；而在两步式成型中，预成型和拉伸吹塑成型是完全分开的，每个过程都使用一台独立的机器进行。具体而言，两步式成型需要使用预成型件成型机和拉伸吹塑成型机这样的两台机器。

一步式成型的特点是易于对形状复杂的 PET 瓶进行成型。这是因为一步式可以在预成型后立即在高温状态下对预成型件进行拉伸吹塑成型（图 2-16）。因此，一步式更擅长于制造设计性强的化妆品和卫生用品的容器。

另外，由于两步式成型在预成型件成型机和拉伸吹塑成型机这两台机器上进行，因此可以对各成型机进行最佳设定，单位时间的生产能力高。实际上，一步式的生产能力通常为每小时几千件，而两步式中生产能力超过 3 万件/小时的产品也不在少数，因此两步式更适用于制造消费量大的饮料容器。

由于存在以上差异，一步式和两步式成型的市场已经明显区分开了。日精 ASB 机械公司也进行两步式成型，但在该领域所占的市场份额远不及一步式。在两步式系统的市场份额排

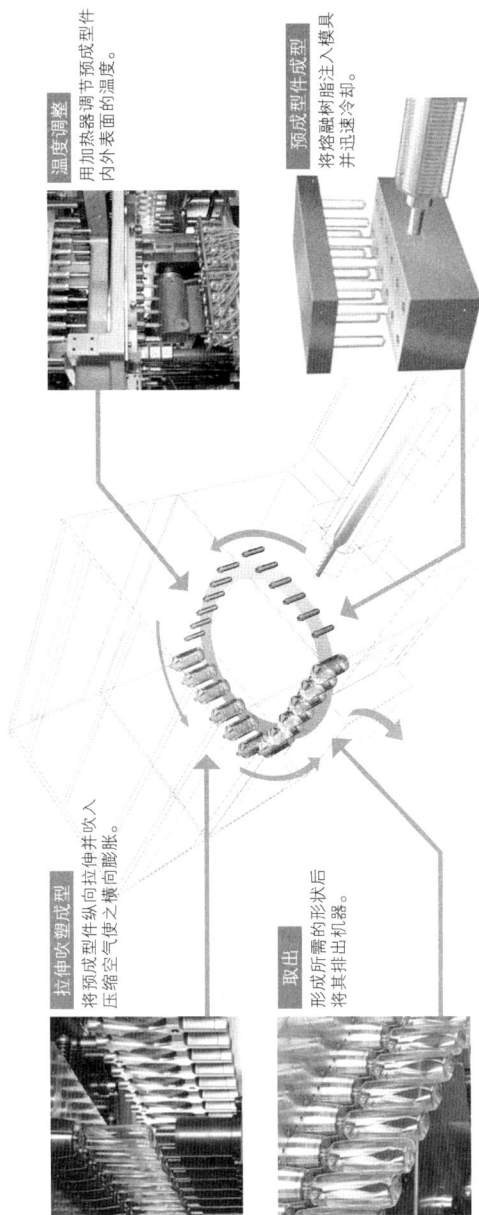

温度调整 用加热器调节预成型件内外表面的温度。

预成型件成型 将熔融树脂注入模具并迅速冷却。

拉伸吹塑成型 将预成型件纵向拉伸并吹入压缩空气使之横向膨胀。

取出 形成所需的形状后将其排出机器。

图 2-16 一步式成型的流程

由于预成型件到拉伸吹塑成型是连续进行的，因此它适用于成型形状复杂的PET瓶。

图片内容根据日精ASB机械公司的资料编成。

名上,以意大利的 Sipa 公司为代表的欧洲企业名列前茅。由于生产一般 PET 瓶的两步式成型的市场规模较大,因此在一步式和两步式成型的总市场中,日精 ASB 机械公司的全球份额仅占 10%~20%。

但是,由于一步式成型处理的是附加价值较高的 PET 瓶,而日精 ASB 机械公司在一步式产品领域一直保有压倒性的市场份额,因此该公司的赢利能力达到了令整个制造行业羡慕的水平。过去几年日精 ASB 机械公司的营业利润率接近 15%,而在 2008 年 10 月至 2009 年 9 月期间,受雷曼冲击的影响,在销售额急剧下降的情况下,该公司的利润率仍然超过了 10%。

▶一年的跟随指导

如开头所述,在设计要求严格的一步式成型产品领域,日精 ASB 机械之所以能赢得客户信任,是因为公司贯彻了工程师支援客户进行生产准备工作的方针。具体而言,公司的工程师会前往日本和海外的客户工厂,调整成型机的参数设置,指导对方的工程师和工人,直到客户可以自己操作成型机为止。

一般来说,日精 ASB 机械公司的工程师不会中途退出。

一旦遇到工程师退出的情况，公司会继续从总部派送人员和物资，直到客户工厂的 PET 瓶成型步入正轨。包括两步式成型领域在内，海外也没有像日精 ASB 机械公司这样手把手指导客户的制造商。其中最典型的例子是，日精 ASB 机械公司的工程师用一年的时间跟踪指导了一位亚洲客户，为客户的利润增长做出了很大贡献。日精 ASB 机械也因此收到了该客户的感谢信和日后不间断的成型机订单。

通过这些经历，日精 ASB 机械公司工程师们的技能也在逐步提高。迄今为止，公司已经把成型机售往全球约 120 个国家和地区。但每个国家和地区的环境（例如温度和湿度）均与日本不同，工厂相关的基础设施和计算机体系也不像日本一样完备。在这种情况下，正是由于日精 ASB 机械拥有大量实践经验丰富的工程师，才能支援所有客户的生产准备工作。这形成了一个良性循环，进一步促进了日精 ASB 机械公司成型机的销售。

此外，公司还配备了评估 PET 成型瓶质量的设备，能够更好地支持客户的生产准备工作（图 2-17）。工程师们可以在去客户的工厂之前就提前使用这些设备，验证得出的成型结果能否满足客户的要求。

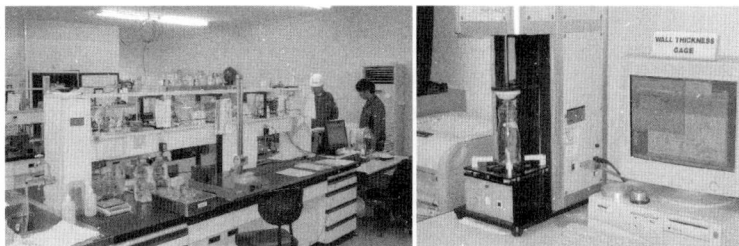

图 2-17 成型品的评估设备

确认能否根据客户要求进行成型的设备有很多。右图是测量 PET 瓶成型产品壁厚的设备。

▶兼顾成型质量与生产能力

在过去，一步式和两步式的市场区分很明显，但近年来市场结构发生了变化。例如，过去一直将生产能力放在首位的饮料容器制造行业，现在也开始转向多种类小批量生产，并且对产品的设计性要求也提高了，因此过去用一步式和两步式进行分类的成型机越来越无法满足需求了。

这时，中国制造商填补了这种需求差。他们开发出了价格低廉且能够兼顾成型质量和生产能力的两步式成型机，逐步提高了市场份额。

为了与之抗衡，日精 ASB 机械公司推出了一款新的"1.5步式"成型机产品。1.5 步式是在一步式的基础上设计的，在连续进行的预成型件成型和拉伸吹塑成型这两个步骤之间加入了预成型件冷却、温度平均化、二次加热等流程，达到了兼顾成型质量和生产能力的效果。由于它是基于一步式设计的，因此比两步式成型机更易于小型化。日精 ASB 机械公司计划通过 1.5 步式成型机来占领不断扩大的市场。

7 堀场制造厂：发动机废气测量装置

深入了解客户需求，追求价值提供

堀场制造厂生产的废气测量装置拥有全球 80% 的市场份额，这一产品的诞生过程就是公司与客户一起开辟未涉足领域的典型事例。立足于在国内外汽车制造商的开发第一线，堀场制造厂利用设备制造商的专业知识，为解决客户的问题做出了巨大贡献。

排放测量装置通过两项重大技术创新得到了发展（图 2-18）。第一次是在 20 世纪 60 年代初期，那时还没有确立一种测量发动机废气的方法，因此这个阶段的关键是废气处理技术的建立。第二次技术创新是在 20 世纪 70 年代后半叶，即三元催化剂出现以后，废气测量的意义发生了根本性的变化。从那以后，过去仅为了符合相关规定而进行的废气测量变成了开发优质发动机所必不可少的一环。由于测量次数增加了一个数量级，数据处理能力系统就变得不可或缺了。堀场制造厂是第一个通过与客户保持紧密联系而赶上这一技术

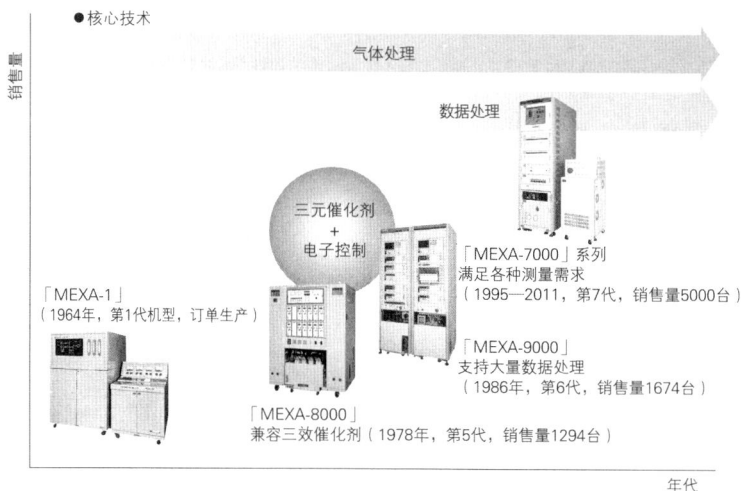

图2-18 由于解决了客户问题，销售量激增

排放测量不仅是为了符合法规要求，还是发动机开发的重要一环。堀场制造厂通过响应这种需求，大大增加了产品的销售量。2012年8月，堀场制造厂又推出了新产品，稍后将进行介绍。照片来自堀场制造厂。

创新浪潮的公司。

▶价值不在于测量精度

"汽车废气测量装置的价值是什么？"

面对这样的问题，大多数人会回答说："准确测量废气中有害成分的含量或浓度。"但是，堀场制造厂常务董事兼开发事业部本部长足立正之说："仅停留在这一步是不行的，废气测量装置的价值中测量精度所占的比重很小。"

20 世纪 60 年代中期，也就是废气测量装置的开发兴起时，气体分析仪制造商（开发红外线气体分析仪器的制造商，该仪器能有效地测量废气中含有的典型有害物质如碳氢化合物、一氧化碳、氮氧化物等的浓度）开始进入这一领域，堀场制造厂只是其中之一。

当时，许多竞争对手只是拿着高精度的分析仪到汽车制造商的研发部门，请求他们试用一下。由于红外分析仪主要被用来分析预先调整过的样品，因此这种做法很常见。

使堀场制造厂不同于其他竞争对手们的是，它不仅提供设备，还善于倾听客户工程师的心声。堀场制造厂利用自己的专业知识来回应客户心声，从而赢得了客户的信任，这就是铁壁循环的入口。

废气的测量与清洁样品的测量有很大不同。起初，废气中含有烟灰等大量杂质，导致测量时的噪声非常大。在和客户的研讨中，堀场发现了准确性之外真正的客户价值，那就是气体处理。测量精度固然很重要，但当时的设备已经满足了必要的精度，在这方面公司很难与竞争对手拉开差距，而气体处理才是最前沿的需求。

废气的测量过程是将软管连接到排气口处收集废气，然后测量有害物质的浓度，但在这种情况下很难保持测量条件的恒定。例如，气态磷和轻油中包含氢元素，燃烧时会产生水，水在一定条件下可以变成水蒸气或液态水。而二氧化氮（NO_2）和氨可溶于水，因此即使存在少量的水也会导致测量无法进行。为此，废气的整个流动过程都会加热，以避免液态水的生成。

以上只是气体处理的一个例子。实际上，尽管废气测量装置相关的许多技术都获得了专利，但其实未获得专利的气体处理技术更有价值。后来，堀场制造厂的第二任总裁大浦政弘将这种气体处理技术定位为核心价值，并于1964年开发了第一款产品"MEXA-1"。

在与公共机构和汽车制造商的研发部门合作进行开发时，大浦亲身体会到了气体处理的重要性。所谓气体处理的专业技术，具体来说有气体流动路径的引导及接合处的结构、温度控制的方法等。这些不只是技术，更是嵌入堀场制造厂工程师们身体里的DNA。

如果能够在设备侧实现稳定的气体处理，那么汽车制造商就无须进行烦琐的调整，同时还提高了测量结果的可重复性。以上价值的提供，就是堀场制造厂气体测量装置竞争力的来源。依靠这一点，堀场从20世纪70年代初开始在欧洲和美国建立据点，并将气体测量装置推广到了海外汽车制造商和管理废气排放的组织。

▶催化剂和电子控制的出现

20 世纪 70 年代下半期，两项技术革新进一步奠定了堀场制造厂的领先地位，一项是三效催化剂的出现，另一项是电控燃油喷射系统的出现，这两项技术革新极大地改变了废气测量装置的地位。为了追随技术创新的潮流，堀场制造厂大大地发展了自己的设备。

众所周知，三效催化剂可以同时去除碳氧化合物、一氧化碳、氮氧化物。此外，它可以在氧化碳氧化合物和一氧化碳的同时还原氮氧化物，是一种能引起相互矛盾的化学反应的、划时代的催化剂。

但是，这里存在一个问题。除非燃料气体和空气的比例为理论空燃比（1：14.7），否则三效催化剂将无法发挥作用。因此，若要将燃烧维持在理论空燃比之下，则能够精确控制燃烧喷射量的电子燃料喷射装置是必不可少的。

基于以上两点会发生什么呢？通过直接测量排气，我们可以得到排出气体的特性与发动机性能之间的相关性，还可以根据排出气体的特性调节控制参数。而实际上，排气量已经成为发动机研发中的主要一环。换句话说，排气量的测量对于开发好的发动机来说是必不可少的。

▶支持庞大数据的测量

在此之前，废气测量一直被认为是为了通过法规的一种成本负担。但是，废气测量应用于发动机的开发后，其地位就完全不同了。汽车的基本性能，例如输出功率、扭矩、反应能力和燃油费等都与废气直接相关。于是，废气排放测量变成了能够创造价值的投资。

最前沿的需求来自生产现场。堀场制造厂的工程师靠近客户开发现场，迅速捕捉到了这一变化。经过深思熟虑之后，他们决定的下一步行动方向便是数据处理。

用于合规测量的废气测量装置与用于发动机开发工具的装置完全不同。首先，后者要测量的废气不是从汽车的排气口收集的，而是从发动机出来以及接触催化剂之后被收集的（图 2-19），测量对象也不限于规定的测量物质。此外，后者还需要在发动机的各种负载条件下进行测量。由于测量是在一点点改变发动机控制参数的情况下进行的，因此必须重复许多次。

以上测量还会生成大量的结果数据。在实际操作中，不仅是测量过程，分析结果也要花费大量的时间和精力，而数据处理是一项可以大大减少分析时间和精力的技术。由于当时正是计算机"爆炸式发展"的前夕，堀场制造厂通过引入计算机技术使其废气测量装置得到了升级。他们的目标就是我们现在所

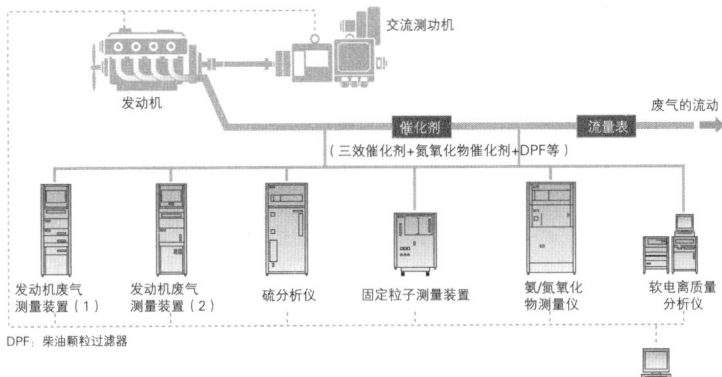

图 2-19 用于发动机开发的废气测量装置

从经过发动机出口和催化系统的废气中提取废气来分析成分。图片内容根据堀场制造厂的资料编成。

说的"交钥匙系统"。这是一个仅通过打开开关（转动钥匙）即可自动执行必要的测量并分析、收集数据的系统。

这种流程一直延续至今。当时的计算机硬件是从外部采购的，软件工程师完全是从零开始，而现在已经快速增至 250 人左右。数据处理能力增强，聚焦于发动机开发的设备符合客户需求，目前约占全部废气测量装置的 80%。

2012 年 8 月，堀场制造厂发布了更易于使用的"MEXA-ONE"（图 2-20）。1964 年发布的初代机型叫 MEXA-1，通过将"1"更改为"ONE"，这款新产品被赋予了"新一代的开始"这一含义。

"MEXA-ONE"的最大特点是可以共同控制实验室中的测

图 2-20　可以连接到其他公司产品的"MEXA-ONE"

堀场制造厂开发了高度灵活的集成平台，以改善与其他公司产品的连接性，标准机器的价格从 2000 万日元起（含税）。照片来自堀场制造厂。

量和测试设备。此外，它对其他公司的产品也具有高度亲和力，可以与处理本公司产品一样对其进行控制。当然，测量数据也可以统一处理。"MEXA-ONE"不仅可以操作测量设备，还可以操作辅助设备，如底盘测功机和减速器。

随着"交钥匙系统"的不断完善，工程师们的劳动量大大减少，铁壁循环得到了进一步扩大。

第三章

模块化制造成功的条件

1 某种意义上的"复制粘贴式"制造

开发标准模块，并把它们应用到所有车型中去

2013 年 11 月，马自达在新车型"Axela"的发布会上强调了多年来的"制造创新"成果。

2012 财年是马自达时隔五年后首次实现最终赢利，这很大程度上是由于制造创新等体制改革计划的切实推进。

制造创新的支柱就是"批量企划"。通过批量企划，汽车制造商可以整理出开发所有车型所需的技术和零件，然后再根据整理结果开发如发动机、车架等这样的标准模块，最后将其应用到所有车型中去。换句话说，车辆全体的模块化以及技术和零件的标准化，使组合式的车辆开发方式得以实现，开发效率也大大提高了。

很快，马自达基于批量企划开发了"CX-5"（2012 年 2 月发售）和"Atenza"（同年 11 月发售）等车型，2013 年 11 月发布的新车型"Axela"是继这两款车型之后批量企划的第三款车型（图 3-1）。在马自达 2015 财年的全球年销售目标中，

"CX-5"
(2012年2月发售)

"Atenza"
(2012年11月发售)

"Axela"
(2013年11月发售)

图3-1 从"CX-5"到"Atenza"再到"Axela"的批量企划的经过

Axela 的销量占 30%，达到 50 万台。

负责开发"Axela"的马自达产品部负责人猿渡健一郎认为，批量企划的效果已经在开发期间显现出来了，从实际制造到准备量产仅用了 16 个月。发动机和车辆骨架都是标准模块，且都是以适用于 Axela 为前提开发的，加之先前的 CX – 5 和 Atenza 已经近乎完美，因此标准模块无须进行大修改。

猿渡健一郎将这种新车型 Axela 的开发方式形容为"某种意义上的复制粘贴式制造"。

2　模块化制造应具备的三个条件

与配研截然不同的"复制粘贴"

　　模块化正极大地改变着产品开发的方式。马自达正基于"制造创新"及其支柱"批量企划"推进着汽车的模块化。

　　产品部门负责人猿渡健一郎将他主导开发的车型"Axela"的开发形容为"某种意义上的复制粘贴式制造","复制粘贴"一词简明地表达了模块化产品开发的特征。

▶对标准模块充满信心

　　"复制粘贴"指的是一种开发标准模块的方法,即以能够安装在所有批量企划的车型上为前提开发标准模块,然后再将其作为通用基础推广到个别车型上。过去是先针对某个特定车型开发模块,后将其应用于别的车型。换句话说,在批量企划之前,后开发车型会沿用先开发车型的模块,但是在批量企划中,存在一个称为"标准模块"的纯复制源,后续可对纯复制源进行全方位推广（图3-2）。

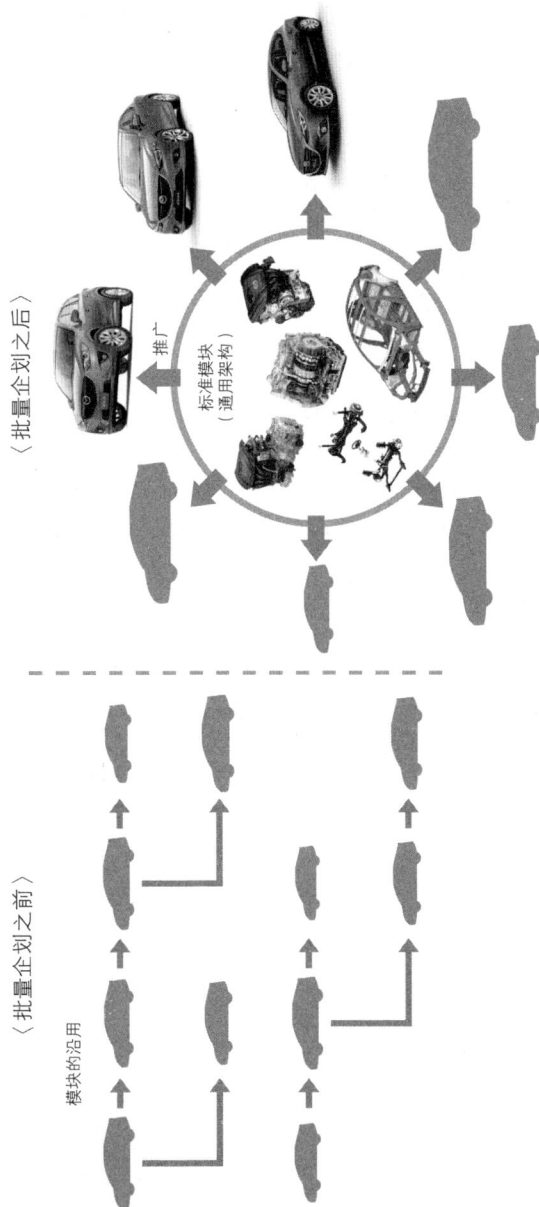

图 3-2 批量企划前后的区别

批量企划之前，为特定车型开发的模块会被移用到后开发的车型上。批量企划后，汽车制造商会开发一个可应用于所有车型的标准模块，并将其推广到其他车型上。

但实际上，复制粘贴可以说是与"配研""精研"完全相反的概念。后者是日本汽车制造行业的强项，而复制粘贴可能在某些语境下含有否定的含义，但猿渡之所以特意使用了"复制粘贴"一词，主要有以下两方面原因。

一是他们对复制源（即发动机和车辆骨架等标准模块）充满了信心。例如，针对发动机开发中最费人工的燃烧特性，马自达已经建立了"理想型"，即使发动机的排量不同，燃烧特性也是共通的。

过去设计新车型的思路是根据车型要求，从发动机最基础的燃烧特性入手的。但在 Axela 的开发过程中，不仅是原有的动力传动系统，连新加入的动力传动系统在燃烧特性上也没有做任何改变。其他标准模块化（如车辆骨架等）也是如此。

在这一点上，批量企划之前的开发模式自由度更高。但是，自由度高也就意味着一切都要从零开发，就算有足够的资金和时间，现实中仍然存在许多限制，很难做出自己想要的东西。因此，无论是开发效率还是质量，以标准模块为基础的产品制造都显然更胜一筹。

▶ 一旦开发出新车型，迅速推广

马自达的猿渡使用"复制粘贴"一词的另一个原因是，通过模块化节省下来的工程师人力，可以转而用来提高产品质量。此外，开发成果不仅可以应用在"Axela"这一单个车型中，还可以快速应用于其他车型中。

成果之一就是对踩油门这一动作的加速响应功能的改进（图3-3），这主要有助于提高乘车的舒适度。马自达发现，驾驶员踩下油门后0.2~0.3秒，颈部肌肉就会变得紧张起来，人体会条件反射地准备好应对加速产生的惯性，猿渡称之为"肌肉准备"。

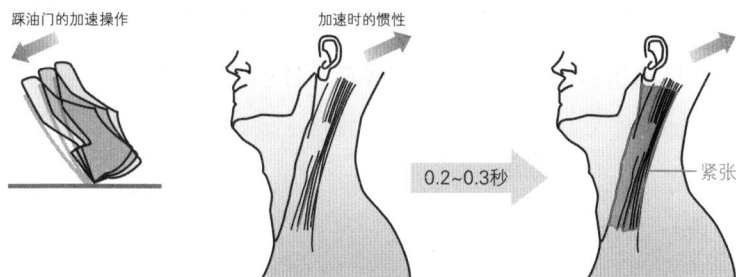

图3-3 对踩油门操作的响应改进

驾驶员踩下油门后为了应对加速产生的惯性、0.2~0.3秒后颈部肌肉就会变得紧张起来。为了配合此动作，马自达改进了响应速度。

　　驾驶员会根据踩油门的力度和速度来预测惯性的大小和产生时间。如果实际产生的惯性与心理预期相比太大或太小，或者产生的时间太早或太晚，驾驶员都会感到不适。

　　因此，在新一代 Axela 中，马自达对 Axela 的加速响应功能进行了改进，从而确保驾驶员踩下油门 0.2～0.3 秒后（即肌肉准备发生的时间内）产生适当大小的惯性。另外，为了使驾驶员能够更准确地感觉加速时的实际惯性，马自达还调整了驾驶员和汽车之间的接触点，即座椅骨架的结构。

　　这一成果不仅可应用于 Axela，马自达还计划将其应用于将来开发的其他车型。过去，要将品质改进的结果（如加速响应的改进）应用于先开发车型时，通常要等到小改样或型号更改完成。但共用标准模块的批量企划的车型，却可以将成果在短时间内推广。加速响应的改进，同样无须等待小更改完成即可适用，模块化有望大幅提高整体的品质。

▶ 统一设计理念

　　如上所述，马自达通过模块化实现了产品开发的高效化和品质的提升。通过分析在模块化的推行方面同样处于领先地位的其他公司，马自达发现了模块化成功的三个条件：一是统一设计理念；二是确立具有竞争力的通用基础；三是保持接口的兼容性（图 3-4）。

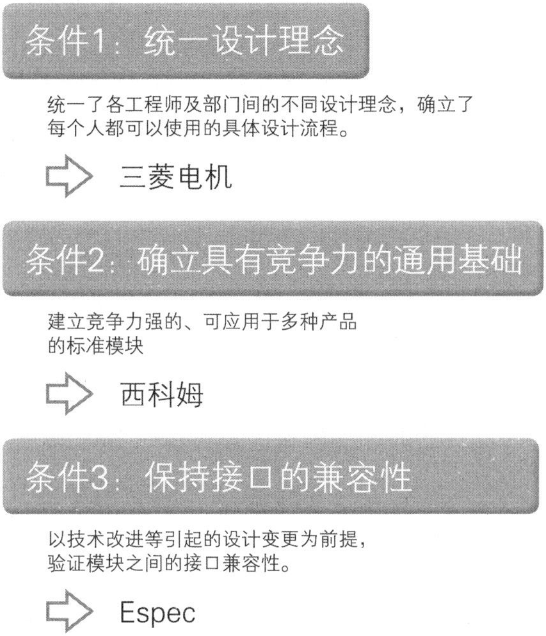

条件1：统一设计理念

统一了各工程师及部门间的不同设计理念，确立了
每个人都可以使用的具体设计流程。

⇨　三菱电机

条件2：确立具有竞争力的通用基础

建立竞争力强的、可应用于多种产品
的标准模块

⇨　西科姆

条件3：保持接口的兼容性

以技术改进等引起的设计变更为前提，
验证模块之间的接口兼容性。

⇨　Espec

图 3-4　模块化成功的三个条件

着眼于整个产品阵容的多角度视角和着眼于整个销售周期的长远视
角，都是必不可少的。

第一个条件是统一了以前各工程师及部门间的不同设计理念。以前，马自达负责新车型开发的工程师被赋予了很大的权限。但批量企划实行后，新车型的开发方针变更为：先充分讨论汽车及其组成模块的"理想形式"，然后根据此"理想形式"开发单个车型。

同样推进设计理念统一的还有生产列车空调设备的三菱电机的长崎制作厂。工程师们反复讨论了过去几十年设计的产品的图纸和 3D 模型，统一了该工厂的设计理念，并据此制定了具体的设计流程。

▶确立具有竞争力的通用基础

第二个条件是确立了具有竞争力的通用基础，例如可以在多种产品中应用的马自达的标准模块。马自达在 2006 年开始推行批量企划，当时的对象是 2012~2015 年发布的车型。那时，马自达设定的目标是产品至 2015 年仍保有较强的竞争力。

西科姆实施了类似的举措。西科姆的产品是一种可测量和混合多种树脂颗粒的混合设备。在新产品中，西科姆首先开发了具有卓越性能的模块，然后将其推广到了多种型号的设备中。

▶考虑设计变更

第三个条件是保持接口的兼容性，这是模块组合的既定前提。模块化的优点之一是每个模块高度独立，因此工程师可以轻松地对每个模块进行技术改进，并将成果快速反映在产品中。正因为满足了这一条件，马自达才可以在短时间内将开发 Axela 时进行的加速响应改进应用于其他车型，但前提是模块之间必须具有相容的接口。

生产环境测试仪的 Espec 同样重视接口的兼容性。具体而言，就是公司以销售期间的设计变更为前提，确保了接口的兼容性。

理想情况下，同时满足这三个条件当然是最好的。马自达和将在下文中介绍的瑞典斯堪尼亚就同时满足了这三个条件。近年来，试图推进产品模块化的公司正在增加，但缺乏关键视点、没有取得预期效果的公司也不在少数。接下来将介绍为满足这些条件，各个公司所进行的努力。

2 三菱电机的列车空调设备生产案例

条件：统一设计理念

独创性：全员参与，共同讨论最佳设计流程

三菱电机公司曾在列车空调设备领域尝试过产品模块化，该产品被定位为进军海外市场的"王牌"，主要在三菱电机的长崎制造厂进行生产。

列车空调设备大致可分为室内机和室外机两部分，室内机

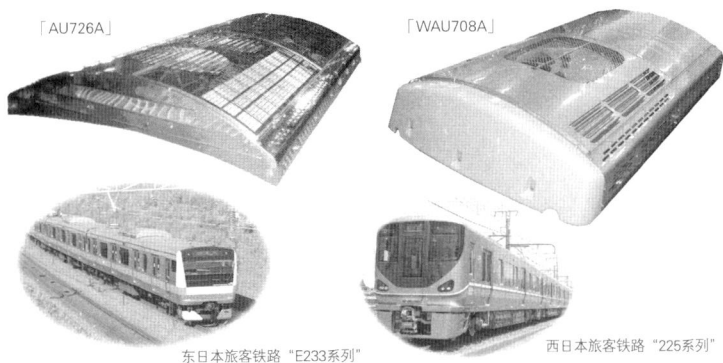

「AU726A」　　　　　「WAU708A」

东日本旅客铁路 "E233系列"　　　　西日本旅客铁路 "225系列"

图3-5　列车空调设备

车辆不同，空调的形状和性能也会有很大差异。图中是进行模块化之前的产品。

的主要模块是鼓风机（风扇）、热交换器、调节风量等的风门，室外机的主要模块也是鼓风机、热交换器、压缩机等。由这些模块组成的空调被安装在车辆的顶部和底部，将适宜的空气送入车厢内（图3-6）。

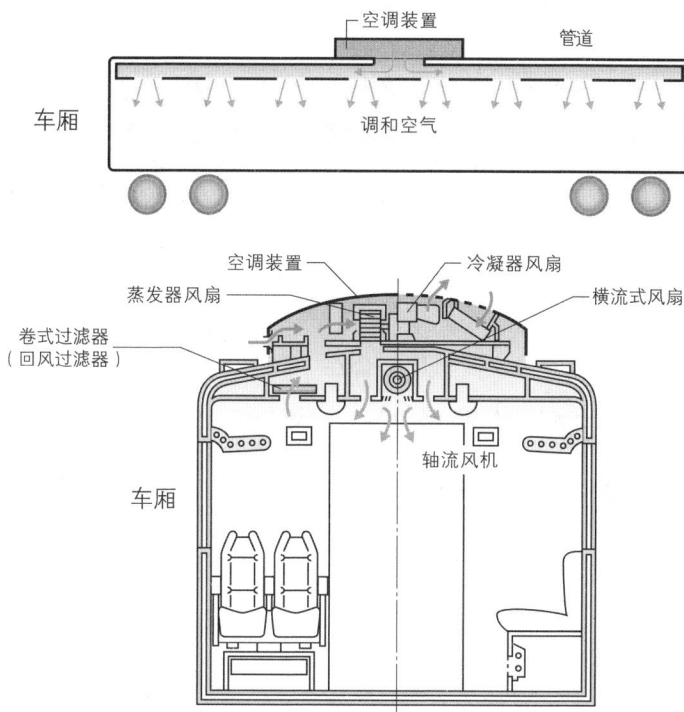

图 3-6　铁路列车和空调的结构

空调设备安装在车天花板上的常用结构中。调和空气通过管道输送到整个车辆。

▶海外客户要求的短交货时间

如何在列车中安装空调，通常由车辆制造商决定。作为空调制造商的三菱电机，空间规格和可安装空间都是由车辆制造商告知，三菱电机需要做的是开发出满足这些要求的空调。

以前，空调的形状和规格因对象车辆而异，因此即便是同一家汽车制造商的产品，车型不同，空调的体积、气密性、安装在一辆车中的空调数量以及管道的连接方式等也各不相同。若是不同的车辆制造商，那差异就更大了。因此，模块以及将各模块组合在一起的接口每次都需要重新设计，并非只是将预先准备好的标准模块简单地组合在一起。

如今，突破车辆和车辆制造商的限制进行空调标准化生产很难实现。由于决定空调形状和规格的是汽车制造商，因此由空调制造商三菱电机提出标准化是不现实的。尽管如此，三菱电机还是决定对其产品进行模块化。这是因为，要进军海外市场，就必须通过模块化提高开发效率。

目前，三菱电机在日本国内市场拥有约70%的压倒性份额，但其海外市场份额只有15%。为了公司未来的成长，扩展海外市场已是不可避免的。

为什么在日本国内称雄的三菱电机公司在海外市场有如此冷遇呢？这是因为，海外客户（以欧洲市场的客户为主）被当地的空调制造商牢牢抓住了，最大的原因就是交货日期的问题。以往的生产体制力求以个性化的设计满足所有客户的需求，这导致日本国内的制造商根本无法与具有本地优势的欧洲制造商竞争。

▶产品内在完全不同

正如上文所说，在各个车辆制造商及车型的规格要求都不尽相同的情况下，模块化受到了一定的限制。于是，三菱电机将着眼点选在了统一最基本的设计理念上。这样一来，即使很难将空调或其组成模块等最终产品进行共通化，也可以通过统一设计理念来大大提高开发效率。

三菱电机数十年间开发出来的产品充分表明了做出上述判断的依据。将产品的图纸和 3D 模型收集在一起比较后可以发现，同样规格要求的产品，设计却各不相同。例如，要实现同一个功能，有些产品使用了一个大容量压缩机，而有些产品却使用了两个小容量压缩机。长崎制造厂汽车空调系统部部长冈山秀夫认为，不同设计种类之间的差异细微到让人吃惊。

究其原因，是每个工程师的设计理念差异导致了种类繁多。基于自己的知识和经验，每个工程师都有独特的设计想法。对于每个设计师来说，面对技术难题时优先考虑什么、舍弃什么等思考方式都是不同的。当时的长崎制造厂没有统一的设计理念，全靠每个工程师的感觉和技巧。因此，尽管制造商的要求相同，却产生了许多内在完全不同的产品。

▶利用过去的案例进行实证

工程师的设计理念各不相同，是缩短交货时间的主要障碍。如果每个工程师的设计理念都有不同程度的差异，即使其他工程师想要协助开发以缩短交货时间，也必须从理解原来工程师的设计理念入手。这样一来，实际上对缩短交货时间几乎没有任何帮助。在这种情况下，开发周期的长短其实取决于工程师的个人能力，因此原有体制下无法缩短交付时间。

意识到这一点后，三菱电机长崎制造厂的工程师们花了两年左右的时间，彻底讨论了理想的设计理念，并力求向新的开发方式转变。新型开发方式的核心是确立工厂统一的设计理念，并将其纳入具体的设计流程，每个人都根据该设计流程来开发新产品。在此过程中，通过标准化主模块及组合主模块的接口，使传感器、过滤器和垫片等小零件也能使用标准产品。

这样的设计理念在长崎制造厂被称为"平台"。在平台上，先设计什么、后设计什么等具体的设计流程被明示出来，工程师根据此流程进行设计。理想的情况是"一条路走到底", 不走回头路, 但目前还没有达到这一水平。不过, 与过去相比, 返工已经大大减少了。

对于这种设计理念, 当时也出现过质疑的声音。有人认为即使讨论得出了理想的设计理念, 也可能实际上并不可用。但是, 通过让所有工程师 (而不是某些工程师) 参与讨论, 并将确立的设计理念应用于过去的案例证明了其有效性, 人们最终接受了这种设计理念。

▶ 两倍的工程师, 两倍的速度

新的设计理念最早应用于 2012 年夏季推出的产品。2013 年, 三菱电机还设立了一个新部门来专门负责平台, 而不是负责单个产品, 平台本身的改进、相关基础技术的开发、向单个产品的扩展都在进行当中。

产品的开发效率也提高了。过去, 开发单个产品大约要花一年的时间, 但现在由于减少了返工, 只花 9 个月的时间即可完成产品开发。另外, 设计理念的统一使得开发过程中的协助变得更加容易了, 因此通过在紧急项目中投入大量的工程师, 就可以有效地缩短开发周期。增加两倍的工程师, 设计速度就可以提高两倍。

此外, 统一设计理念后的模块化也有助于提高产品质量。

过去，由于各个主要模块自身的设计不同，因此组装为最终产品后才能进行性能测试和振动测试（图 3-7）。实现模块化后，对单个模块进行测试就可以检查更细小零件的质量。

图 3-7 振动机

测试对列车振动的耐抗性。

3 西科姆的"FB1"系列搅拌机制造案例

条件：建立有竞争力的通用基础

独创性：开发适用于所有规格产品的小型化技术

西科姆（SECOM，总部位于日本广岛市）生产与树脂成型机相关的设备。西科姆开发的"FB1"系列搅拌机订单火爆（图3-8）。"FB1"系列之所以广受好评，是因为在性能相同的条件下，该系列的产品要比传统产品小得多。

搅拌机是在树脂成型之前将多种类型的树脂粒料混合并供应给树脂成型工程的装置，但搅拌机的作用不仅仅是混合，还必须准确称量各种树脂粒的质量。从称重到混合、供给这一系列过程的时间都要计算在树脂成型工程的循环时间内。

搅拌机的性能主要看"加工能力"这一指标。加工能力即每小时可称重、混合、供应的树脂量。如图3-8所示，左侧是新产品，右侧是以往产品，两者的尺寸几乎相同。但是，新产品的加工能力为500千克/小时，而传统产品的加工能力为200千克/小时，两者之间相差2.5倍。换句话说，西科姆可以使具有相同加工能力的搅拌机体型更小。当然，与竞争公司

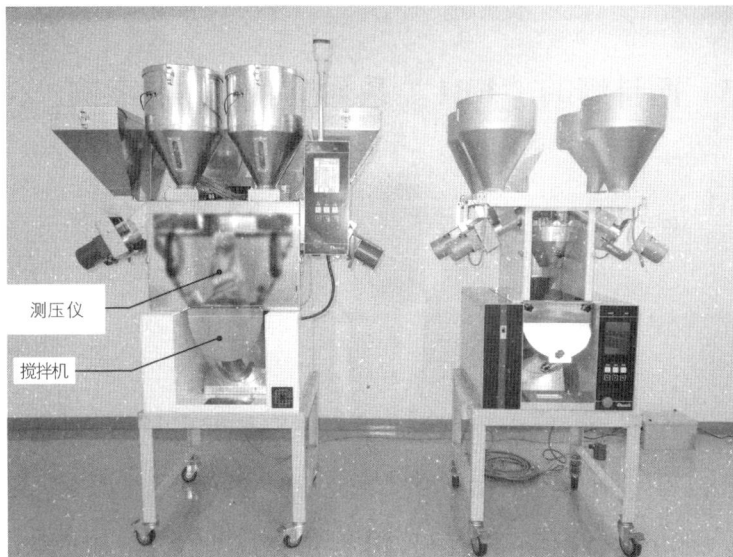

图 3-8 新产品（左）和以往产品（右）的比较

虽然看上去大小差不多，但就主要性能来说，新产品的加工能力为 500 千克/小时，而传统产品的加工能力为 200 千克/小时，新产品在同等性能上具有压倒性的小型化优势。

同样性能的产品相比，西科姆的新产品也是体积最小的。由于通过小型化可以降低成本，因此新产品在价格竞争力方面也具有优势。

虽说将产品做到如此之小的方法是西科姆的"独家秘诀"，但可以肯定的是，同时推广小型化和模块化才是更大的成就。换句话说，这种小型化技术不是为某种特定产品打造的，而是可以广泛应用于所有的加工设备。

► **以智慧和技术求生存**

西科姆的产品模块化设计，始于 2008 年。

在树脂成型机外围设备的制造领域，日本国内有两家主要公司占据了稳固的市场地位。西科姆处于第三集团，正努力赶超前者。放眼世界，强大的海外制造商更是比比皆是，不充分运用智慧和技术的话，将无法在行业内生存。基于这样的危机感，西科姆决定开始推进产品的模块化。如果每次都单独设计产品的话，就无法击败加工能力强大的顶级制造商。

► **产品阵容从等差数列变成等比数列**

进行模块化时，西科姆做的第一件事就是调查本公司和对手公司的产品阵容，并分析整体市场需求的分布情况。调查后发现，西科姆和对手公司所有产品的加工能力大致呈等差数列。例如，西科姆有加工能力为每小时 50、100、200、300、400、600、800 及 1000 千克（图 3-9）的产品。通过以上数据可以看出，加工能力中等的区域公差为 100，加工能力高的区域公差为 200。另外，客户对加工能力较低及中等产品的需求占多半，且这些需求集中在某些具有特定加工能力的产品上。

从上述调查结果可以发现，与市场整体需求相比，西科姆的产品型号过多，尤其是加工能力较大的产品机型过剩。出现这种状况的原因是：从成本和安装空间的角度出发，客户往往希望在满足要求的前提下，尽量购买加工能力低的产品。而满足这些客户愿望的唯一方法，就是丰富产品阵容。

但如果能开发出比以往产品及竞争对手的产品小得多且价格合理的产品的话，就能够打破这种局面。这样一来，即使产品阵容不像以前那样细分，也可以开发加工能力稍高的产品来满足客户要求。

但是，我们需要明白一点，模块化本身并不能为客户创造价值，它只是简化开发的一种手段。只有将模块化与能为客户带来价值的技术（例如小型化）相结合，模块化才能为客户所接受。

为了以最少的产品型号满足众多客户的需求，西科姆在产品阵容中引入了等比数列（图 3-9）。具体而言，西科姆将打造一种新的产品阵容，阵容中产品的加工能力以公比为 2 的等比数列增长。如上所述，西科姆首先推出了一款加工能力为 500 千克/小时的产品，很快又发布了一款加工能力为 1000 千克/小时的产品。

将来，西科姆将在加工能力较小（例如 250 千克/小时和 125 千克/小时）的产品区增强产品阵容。

〈以往产品〉

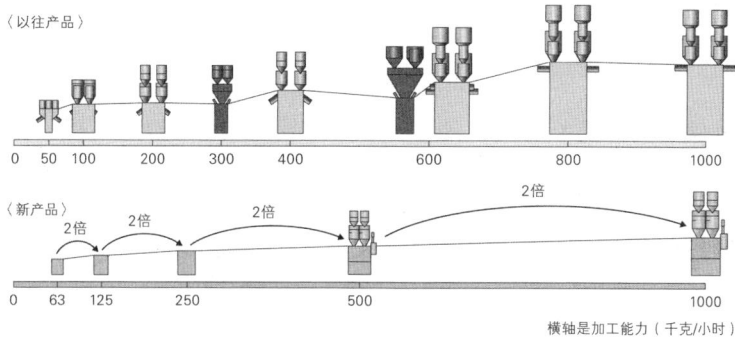

〈新产品〉

横轴是加工能力（千克/小时）

图 3-9　产品阵容的概念

　　在以往产品的阵容中，加工能力一直呈等差式递增（公差为 50、100、200 千克/小时）。新产品的加工能力将呈等比式递增。

▶非常规设计流程

　　之所以能够同时实现小型化和模块化，是因为西科姆回归到"怎样实现高加工能力"这一起点，进行了开发。以前，制约加工能力的主要是称重仪器（即称量树脂粒料质量的设备）的性能，如果既要满足加工能力的要求，又要准确地称量树脂颗粒，那么测量工序的循环时间最短也需要 90 秒。称重仪器的性能，取决于循环时间和该仪器的容量。

　　如果能够在保持加工能力的同时缩短称量工序的循环时间，那么一次称重的树脂粒料的质量就会变少，供料的料斗也会变小。另外，如果配合称量工序缩短混合工序的循环时间的话，则混合多种树脂颗粒的搅拌机也能变得更小。换句话说，西科姆的基本思想是：如果能缩短称重工序的循环时间，使称重仪器变得更小的话，那主要模块（例如料斗和搅拌机）的尺寸也能按比例减小，从而使整个产品变得更小。因此，西科姆将称量工序的循环时间目标设为了 30 秒，是过去循环时间的 1/3。

基于这样的构想，设计部门着手设计各种称重仪器。在设计出可实现目标循环时间的称重仪器后，设计师接着又确认了该称重仪器可以应用于各种加工能力的产品，之后便开始进行整个产品的设计（图 3-10）。由于开发加工能力为 500 千克/小时的产品已经证明了以称重仪器为代表的标准模块的有效性，因此制造其他加工能力的产品基本上就是简单地扩大或缩小标准模块。

从称重仪器开始设计，这本身就超出了搅拌机这种产品的设计常识。开发 "FB1" 系列时，设计师先是修正了以往的设计流程，但也对这种流程是否正确始终心存怀疑。面对同时实现模块化和小型化的挑战，设计部门仔细思考了问题的本质后得出了从称重仪器开始设计的设计流程。

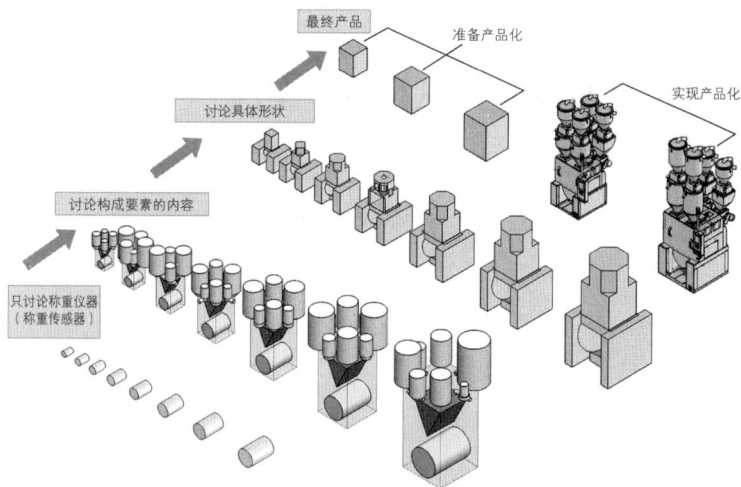

图3-10　产品阵容讨论的过程

　　由于称重仪器的性能是影响加工能力的主要因素，因此设计部门首先讨论了称重仪器的产品阵容，之后又加上了构成要素，并将其放到具体的形状中进行了讨论。

4 Espec 的环境测试仪制造案例

条件：保持接口的兼容性

独创性：不允许无视规则的更改

本书第二章第 4 节以 Espec 公司为例，讲述了制造业的
"铁壁循环"是如何形成的。本节将继续以 Espec 公司为例，
讲解模块化制造成功的第三大必要条件及其独创性。

环境测试仪就是为进行各种测试（如设备和零件的耐用
性测试和寿命测试）创造环境的设备。在这一领域，Espec 公
司的市场份额约占日本国内的 60%，占全球的 30%，两者均
为业内最高。Espec 的主要产品恒温恒湿控制器 "Platinous J"
系列采用模块化的设计理念（参见第 70 页图 2-8）。

Espec 公司为什么要挑战模块化呢？原因在于恒温恒湿控
制器固有的商业模式存在缺陷。

想订购恒温恒湿控制器的客户，首先会调查其批量生产
线必要的测试环境。接下来，为了验证判断的准确性，他们
会购入一批多功能、多性能的"通用设备"（表 3-1）。"Plati-
nous J"系列也被定位为一种通用设备。一旦通过通用设备确

定了测试所需的实施环境，客户会购买数十台具有最基础功能的"专用设备"。

表 3-1　通用设备与专用设备的比较

模块化的目标是通用设备。以下的专用设备是形象图，并非真实照片。

	通用设备	专用设备
外观		
主要的客户要求	快速交货 多功能、多性能	成本低 节省安装空间
用途	确定使用条件 （希望在各种条件下尝试）	安装在批量生产线上 （功能、性能满足最低要求即可）
通常的订单量	几台	几十台
开发方针	模块化	精研

所谓"专用设备"，顾名思义，就是根据客户要求专门设计的设备。由于要应用在批量生产线上，专用设备要去掉所有不必要的功能和性能，并最大限度地减小尺寸，这需要花费很多工夫。但也正因如此，专用设备的附加值很高，商业回报也很大。

另外，由于通用设备是用来调查和验证实施环境的，因此功能、性能涵盖范围较为广泛。通常来说，单个项目可以卖出的设备数量很少，且每次都要根据客户的要求调整设计，导致效率低下。因此制造商都希望能使通用设备的开发尽可能高效，并将有限的工程师资源投入到专用设备的开发中去。

过去，通用设备的业绩帮 Espec 赢得了客户的信任，Espec 收到了数十台专用设备的订单。因此，Espec 无须每次都设计出满足众多客户的通用设备也能赢利，而挑战模块化，就成了必由之路。

▶丧失了兼容性

"Platinous J" 系列由五个主要单元构成，分别是：①试验箱单元；②门单元；③电气单元；④制冷单元；⑤水回路单元（参见第 72 页图 2-9）。每个单元有数十到数百种类型，此外，许多可选设备还可以满足这些单元无法实现的功能和性能要求。

基本上，恒温恒湿控制器的产品规格由设备本身的大小（有 4 种规格）、所需的测试实施环境（恒温恒湿、恒温、低湿、无尘室等 10 种）、主要单元和可选装置来决定。恒温恒湿控制器有 36 万种以上的产品规格可供客户选择。

在进行这种组合型的开发时，Espec 最注意的是组合单元和可选装置接口的兼容性。实际上，Espec 曾试图将"K"系列的产品模块化。"K"系列是"Platinous J"系列的前身，但由于当时 Espec 缺乏对接口兼容性的考虑，尽管开发之初进展顺利，随着时间的推移，接口的兼容性越来越难以保持，最终导致模块化结构以失败告终。

"K"系列无法保持接口兼容性的原因是，工程师没有设计出一种方法来验证设备和可选装置设计变更后产生的影响。恒温恒湿控制器的设备和可选装置经常在投入市场后有过设计变化，目的是应用最新开发的技术，降低成本，提高质量。但在很多情况下，主动进行设计变更会因为原来的零件无法购入（如供应公司的零件停产等原因）而被迫改变设计。

如果不进行设计变更的话，就不用担心接口的兼容性了。但是，Espec 恒温恒湿控制器的销售期很长，比如"K"系列于 1997 年发布，而"J"系列于 2011 年发布，这意味着"K"系列在市场上销售了二十余年。在如此长的销售期间内，如果不采用新技术或降低成本的话，产品的竞争力势必会降低。此外，从外部采购的零件如果中间停产了的话也毫无办法，因此在频繁的设计变更这一前提下，Espec 必须设计出一种验证接口兼容性的方法，并长期保持接口的兼容性。

▶设计变更的连锁反应

基于上述考虑，Espec 引进了 3D 电脑辅助设计（3D Com-puter-aided Design，3D-CAD），这是开发"K"系列时没有使用过的。组合的数量太庞大了，不可能用图纸来验证所有情形，因此必须借助电脑工具。此外，Espec 还为检验物理干扰创造了能满足最低要求的环境。

此外，Espec 还制定了实施设计变更时的规则。Espec 有一个部门负责设计客户的订购产品，还有一个部门负责开发单元和可选装置。

过去，每个部门都可以在不考虑与现有单元兼容性的情况下单独进行设计更改。但如今，实现整体的兼容性变得越来越困难了。如前文所述，几乎没有可以验证兼容性的方法。

因此，如果制造商想添加一款可选装置，但一些单元类型无法与该可选装置组合的话，要想继续使用新增加的可选装置，就必须重新设计相应的单元。

在"J"系列中，如果产品发生设计变更，工程师首先会验证设计变更对相关单元和可选装置的影响，如果有影响，则要采取相应对策。这使得"J"系列的产品可以长时间保持接口的兼容性。

▶ 工程师相互加深了解

　　除了这些努力以外，Espec 更希望追求的是一种即使设计发生变更也不会影响其他单元和可选装置的结构。在"J"系列的开发过程中，Espec 为工程师们搭建交流平台，使包括每个单元的代表在内的八名工程师对理想结构进行了彻底的讨论。各单元的代表平常只关注单元，因此需要花一些时间来理解模块化的思想。尽管如此，随着讨论的持续，"某某零件如果安装到某某单元上的话，影响就会降到最低"等类似的结论相继得出，模块的划分取得了进展。

　　实现模块化和确保接口兼容性使"如何设计整个系统"的视角变得更加重要了。一方面，从这种全局性的视角来看，负责设计客户订购产品的工程师往往比负责开发单元和可选装置的工程师更优秀；但另一方面，负责开发单元和可选装置的工程师可以在实现前者的具体设计中发挥作用。为了加深两者间的相互了解，Espec 制定了未来积极推动部门间轮岗的政策。

5 Scania 公司：不需要制造"新产品"

模块化的思想就像 DNA，

嵌入了组织和个人的理念当中

瑞典商用车制造商 Scania 公司在行业中拥有出色的赢利能力。虽然受欧洲经济衰退等因素的影响，Scania 公司的销售额下降，但利润率仍较为可观，即便是在雷曼冲击发生的 2009 年，该公司也能保证相当的营业利润。

单看销量的话，Scania 公司并不是最大的商用车制造商；但是就赢利能力而言，Scania 公司绝对是出类拔萃的。Scania 形成高利润率体制最大的原因就是：模块化的思想像 DNA 一样嵌入了组织和个人的理念当中。

Scania 公司的做法很大程度上满足了前文介绍的"模块化成功的三个条件"，可以说，它是模块化的理想状态。如果其他公司能够如此贯彻模块化的话，就也能像 Scania 一样显著提高开发效率，进而提高赢利能力。接下来就讲一下 Scania 具体是怎么做的。

▶ "接口不变"原则

首先值得强调的是,"新产品"这个概念在 Scania 公司并不是很重要。对一般公司而言,新产品应该是增加销售量的最佳导火线,公司也会投入大量人力物力来开发新产品。但是对 Scania 公司来说,完全重新设计的"新产品"反而并不被看好。

例如,Scania 在 2013 年销售的卡车,是在 2004 年推出的,在那以后,别说开发"新产品"了,连这方面的开发计划都完全没有。这是因为技术改进已逐个模块地反映到了产品中。

Scania 生产的卡车由动力总成、底盘和驾驶室等模块组成。这些模块像"乐高"一样组合在一起就形成了产品(图 3-11)。Scania 公司的技术改进按模块逐个进行,这对应成功条件中的"统一设计理念"和"建立有竞争力的通用基础"。

重要的是,连接各个模块的接口是相同的,因此即使进行了技术改进,接口也始终不会变。

由于"接口不变"这一规则得到了严格遵守,每个模块都得到了各自的发展,并且技术改进也可以立即体现到产品中。

有些人可能认为,这种开发方法之所以可行,是因为对象是技术上不断成熟的工业用卡车。的确,将 Scania 公司的想法

图 3-11　模块化的概念

将产品分为多个模块，每个模块有数种类型，模块组合形成产品。

直接应用于乘用车等消费品是很难的。对于普通消费者而言，新产品是做出购买决定的重要决定因素。不过，马自达也有一项举措类似于 Scania 公司，即通过批量企划，无须经小改样或型号更改即可将技术改进适当地反映到产品中（参见第 5—7 页）。可见，乘用车如果想推进类似做法，同样能做到。在其他行业中，不管是工业用还是消费用产品，即便在技术成熟度方面存在差异，也完全能应用模块化。

▶区分可变部和共通部

Scania 公司不开发新产品的方针并不妨碍其产品战略的实

施。相反，这一方针可以帮公司灵活应对各种客户的需求。图
3-12 所示是 Scania 销售的卡车驾驶室。按照驾驶室的容积和
发动机输出功率从小到大排列，就会形成"P"系列、"G"系
列、"R"系列这样的产品阵容，并且每个产品阵容中都有多
个类型的驾驶室。

实际上，在发布之初，Scania 推向市场的产品只有"P"
和"R"系列。但后来为了满足客户对驾驶室容积等更为细化
的要求，Scania 在 2007 年又增加了"G"系列。

驾驶室的开发也充分反映了模块化的思想。驾驶室有各种
尺寸，但是前窗和门板不会因为驾驶室尺寸变化而变化。于
是，Scania 公司将前窗和门板全部进行了通用化。换句话说，
产品由"可变部分"和"通用部分"两部分构成，而可变部
分决定了产品的多样性。

当然，一味增加模块的类型也是不可取的。Scania 公司力
求通过详细分析客户需求，找到一种"平衡"，即用最少的模
块来对应客户的多样化需求。

短款驾驶室　　日间型驾驶室　　卧铺型驾驶室

P　　　　　　　　　　　　　　　低顶　常规　加高

G　　　　　　　　　　　　　　　低顶　常规　加高

R　　　　　　　　　　　　　低顶　常规　加高　高顶

图 3-12　驾驶室类型

　　为满足不同的客户需求，有多种类型可供选择。模块化的效果已经发挥到了最大，例如前窗和门板均已实现通用化。

第四章

先驱者的话

1 "要培养敢于挑战的技术人才"

驾驶的乐趣、有魅力的设计、最新的安全和环保技术……为了将以上需求体现在马自达的所有车型上，我们必须寻求更合理的研发方式，那就是"批量企划"。有人说"预测未来是没有意义的"，也有人说"标准化是不可能实现的"。但如果失败了，回到原点从头再来不就可以了吗？

2006 年，我们开始对所有车型的批量企划。我们设定了很高的目标，想让当时企划的产品到 2015 年都能够继续使用。当然，预料之外的事情很多，起初我们每天都在试错。但是，没有失败就没有挑战，没有挑战就没有成功。只有工程师志存高远，公司才能走得更远。

虽然任务十分艰巨，但好在时间比以前宽裕，因此工程师可以从容应对挑战。突破常规的想法不断涌出，批量企划还起到了促进工程师成长的作用。即使失败了一次，工程师也可以使用相同的基本技术研发下一个车型，基于现有知识不断尝试新的挑战，因此技术可以得到不断深化。

金井诚太

马自达

前董事长兼前副总裁

2 "避免强迫制造商"

　　汽车制造商正在悄然发生变化，他们开始一致强调通过模块化和标准化提高产量，而不是为每种车型寻求最优解。但是，我们不想把自己的标准化要求强加给汽车制造商。如果标准化仅仅降低了成本，那是远远不够的。如果在性能和搭载性方面没有优势的话，标准化就不会被汽车制造商接受。

　　模块化的理念本身已经存在了很长时间，但最近越来越值得重视的是：模块化并不是将各种功能都一股脑儿地堆进去，而是要更为简单地设计一个小集合体。

小泽郁雄

电装冷却设备工程部

第一技术室室长

3 "通过大房间方式解决问题"

开发"全球标准散热器（GSR）"时，九名设计师和生产工程师聚焦在主要生产基地西尾工厂（位于日本爱知县西尾市），采用"大房间方式"进行了为期一年半左右的讨论。虽然在生产设备的标准化和通用材料的使用等方面面临诸多问题，但我认为，正是因为尽早发现了问题发生的苗头，才能做到有效防止从头再来。

我们也有意识地进行了材料的标准化。由于 GSR 在全世界范围内都属于标准品，因此我们特意选择了易于在全球范围内采购的材料。

限定幅长的种类可以显著减少每种车型的单品开发人力。不仅如此，由于散热片和扁管等零件的种类也相应减少了，因此预计会有更大的量产效果。此外，更大的好处是，生产设备也可以标准化，可以用同一个生产设备加工三种类型的 GSR 散热片。但如果之后因特制导致幅长种类增加的话，这种标准化就会变得很困难。

　　GSR 是全世界范围内的标准产品，因此我们在全球范围内采购高度通用的散热片和扁管材料。就简单地改善性能而言，最先进的材料更具优势。但是，如果材料可在全球范围内采购的话，就可以在世界各地的工厂中使用相同的生产设备，从而减少设备投资和量产准备工作的人力。尽管每个工厂的自动化程度和混合生产程度有着不同程序的差异，但基本上可以构建相同的生产线。

杉本龙雄

电装热交换器开发部

第三开发室室长

4 "在引进尖端技术方面毫不吝啬"

　　滚珠丝杠虽然是伴随着机床的使用发展起来的，但是近年来，滚珠丝杠在半导体制造设备和传送带设备领域也得到了广泛应用。而在这些领域中，要求个别设计的客户较少，更多的是要求无论如何都要尽快交货。如果我们不能满足该需求，那么无论我们的产品质量如何，都将无法收到订单。

　　在过去，设备设计师都是亲自设计滚珠丝杠。如今，由于缩短设备的开发周期变得越来越重要，因此对于滚珠丝杠，设计师们更倾向于使用标准产品。此外，决定轴直径和导程的类型需要相应的专业知识，而设备制造商没有必要拥有这种专业知识。这意味着，接受标准产品的空间一点点增大了。

　　因此，从几年前开始我们就一直以"制造强大的标准产品"为口号，加强了基于少量库存、可立即交货的标准产品研发。其实，制造可用于各种场合的标准产品，特别考验制造商的技术能力。因为标准化产品比特制产品具有更严格的设计公差和加工精度要求。由于标准产品开发后可以量产，因此即使前期投入大量资金引进最先进的技术，后期也易于收回投资成本，这也是它的优点之一。基于这一点，日本精工开发了"Compact FA"系列。由于该产品的销量超出了最初的预期，因此精工为医疗器械和表面贴装机增加了一种直径为 6mm 或 8mm 的小轴产品。将来，日本精工公司还将推进可用于注塑机等大型机器的产品开发。

矢部四郎司

日本精工

线性驱动技术中心所长

5 "让交流伺服电机越来越像电脑"

随着市场全球化的推进，市场对交流伺服电机的需求也在不断变化。在过去以日本市场为主的时代，人们一味追求高质量的产品。如今，许多客户认为质量差不多就可以了，最重要的是以可接受的价格尽早交付产品。

交流伺服电机的核心是 ASIC 和控制软件。ASIC 对于交流伺服电机，就像发动机对于汽车一样重要。毫不夸张地说，Σ-V 系列仅使用一种类型的 ASIC 便可决定交流伺服电机的所有性能。另外，控制软件决定着对各种需求的应对能力，控制软件的模块化，就意味着交流伺服电机的模块化。

这种情况与电脑非常相似。在 PC 端，第三方软件允许用户扩展其功能。随着交流伺服电机软件的模块化程度越来越高，它最终可能会像个人计算机一样。这样一来，原有的商业模式将会被颠覆。因此我们将顺势而为制定模块化策略，从而在商业模式发生变革的时候也能保持竞争力。

小笠原浩

安川电机

常务董事兼运动控制部部长

6 "最终目标是实现零件化"

智能手机的发展，使多个零件组合而成的模块化产品需求不断增长。而我们的最终目标是，将这些"模块"变成"零件"。

模块产品容易给人一种可分割的感觉。也就是说，如果我们单独购买它的构成要件并将它们组合在一起的话，就能做出一模一样的东西。但是，零件却是不能分割的。由多个电容器元件组成的多层电容器，最初也被视为组装品，但现在的多层电容器已被完全认为是一个零件了。

要使当前的模块产品成为"零件"，就必须比客户的设备制造商生产的产品更小。目前，村田制造所的设计、生产技术、技术管理等部门正在总公司大楼（位于日本京都府长冈京市）旁边的一栋楼里联合开发可满足客户不同需求的标准化模块产品。单功能组件（如电容器）的客户要求很容易理解，但对于模块产品而言，技术营销就显得非常重要了。为了

使客户充分理解模块化产品"更小更薄"这一优势，公司就
必须进行比以往更多的调整。

中岛规巨

村田制造所

董事长、社长、通信业务总部部长

7 "利用标准化，发挥量产技术的优势"

时代在改变，设备制造商不能只考虑自己的产品，应当在整个系统的统合上下功夫。在这种趋势的牵引下，客户对模块产品的需求正在增长。

但是，仅由各个零件简单组装而成的模块产品是没有价值的。例如，开关有两种交货形式，分别是安装在印刷板上的"带板"交货和用于组装电线的"带线"交货。我们的产品单价虽然比竞品高出 3~10 倍，但仍然不是很赚钱，与中国的产品也很难形成差异化。

行业内认为，"内部组件""IC 驱动程序""软件""材料"是模块化产品差异化的四个影响因素，但在此基础上主导行业标准也很重要。例如，通过使无线技术标准化，生物传感器成为强大的模块产品。在模块化趋势越来越强的计算机行业中，英特尔公司决定着技术规则。在我们自己的行业里，即使比不上英特尔公司，我们也想在模块化领域掌握主动权。这样一来，我们就能利用研发现有零件时积累的大量技术成就，占据市场优势。

天岸义衷

阿尔卑斯电气

董事、技术部长兼模块化产品负责人

"精益制造" 专家委员会

东方出版社

广州标杆精益企业管理有限公司

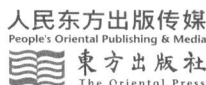

標杆精益®
BENCHMARK LEAN

人民东方出版传媒
People's Oriental Publishing & Media
东方出版社
The Oriental Press

日本制造业 · 大师课

手机端阅读，让你和世界制造高手智慧同步

片山和也：
日本超精密加工技术
系统讲解日本世界级精密加工技术
介绍日本典型代工企业

国井良昌：
技术人员晋升 · 12 讲
成为技术部主管的 12 套必备系统

山崎良兵、野々村洸，等：
AI 工厂：思维、技术 · 13 讲
学习先进工厂，少走 AI 弯路

高田宪一、近冈裕，等：
日本碳纤材料 CFRP · 11 讲
抓住 CFRP，抓住制造业未来 20 年的
新机会

中山力、木崎健太郎：
日本产品触觉设计 · 8 讲
用触觉，刺激购买

高市清治、吉田胜，等：
技术工人快速培养 · 8 讲
3 套系统，迅速、低成本培育技工

近冈裕、山崎良兵，等：
日本轻量化技术 · 11 讲
实现产品轻量化的低成本策略

近冈裕、山崎良兵、野々村洸：
日本爆品设计开发 · 12 讲
把产品设计，做到点子上

近冈裕、山崎良兵、野々村洸：

数字孪生制造：
技术、应用·10讲

创新的零成本试错之路，智能工业化
组织的必备技能

吉田胜：

超强机床制造：
市场研究与策略·6讲

机床制造的下一个竞争核心，是提供
"智能工厂整体优化承包方案"

吉田胜、近冈裕、中山力，等：

只做一件也能赚钱的工厂

获得属于下一个时代的，及时满足客
户需求的能力

吉田胜：

商用智能可穿戴设备：
基础与应用·7讲

将商用可穿戴设备投入生产现场
拥有快速转产能力，应对多变市场需求

吉田胜、山田刚良：

5G 智能工厂：
技术与应用·6讲

跟日本头部企业学
5G 智能工厂构建

木崎健太郎、中山力：

工厂数据科学家：
DATA SCIENTIST·10讲

从你的企业中找出数据科学家
培养他，用好他

中山力：

增材制造技术：
应用基础·8讲

更快、更好、更灵活
——引爆下一场制造业革命

内容合作、推广加盟
请加主编微信

东方出版社助力中国制造业升级

精益制造001
5S 推进法
图解生产实务

定价：28.00元

精益制造002
生产计划
图解生产实务

定价：32.00元

精益制造003
不良品防止对策

定价：32.00元

精益制造004
生产管理
图解生产实务

定价：32.00元

精益制造005
生产现场最优分析法
图解生产实务

定价：32.00元

精益制造006
标准时间管理
图解生产实务

定价：32.00元

精益制造007
现场改善

定价：30.00元

精益制造008
丰田现场的人才培育

定价：30.00元

精益制造009
库存管理
图解生产实务

定价：32.00元

精益制造010
采购管理
图解生产实务

定价：28.00元

定价: 28.00 元

定价: 36.00 元

定价: 30.00 元

定价: 32.00 元

定价: 32.00 元

定价: 32.00 元

定价: 38.00 元

定价: 26.00 元

定价: 36.00 元

定价: 22.00 元

定价: 32.00 元

定价: 36.00 元

定价: 36.00 元

定价: 36.00 元

定价: 38.00 元

定价: 28.00 元

定价: 38.00 元

定价: 36.00 元

定价: 38.00 元

定价: 36.00 元

定价: 36.00 元

定价: 46.00 元

定价: 38.00 元

定价: 42.00 元

定价: 49.80 元

定价: 38.00 元

定价: 38.00 元

定价: 38.00 元

定价: 45.00 元

定价: 52.00 元

定价：42.00 元

定价：42.00 元

定价：48.00 元

定价：58.00 元

定价：48.00 元

定价：58.00 元

定价：58.00 元

定价：42.00 元

定价：58.00 元

定价：58.00 元

定价: 58.00 元

定价: 58.00 元

定价: 58.00 元

定价: 58.00 元

定价: 58.00 元

定价: 68.00 元

定价: 68.00 元

定价: 68.00 元

定价: 68.00 元

定价: 68.00 元

定价: 68.00 元

定价: 68.00 元

定价: 58.00 元

定价: 88.00 元

定价: 136.00 元（上、下册）

定价: 136.00 元（上、下册）

定价: 68.00 元

定价: 58.00 元

定价: 58.00 元

图字：01-2021-0874 号

图书在版编目（CIP）数据

模块化设计／日本日经制造编辑部 著；刘晓晓 译. —北京：东方出版社，2021.6

（精益制造；070）

ISBN 978-7-5207-2150-9

Ⅰ. ①模… Ⅱ. ①日… ②刘… Ⅲ. ①制造工业—工业企业管理—案例—日本

Ⅳ. ①F431. 36

中国版本图书馆 CIP 数据核字（2021）第 077874 号

精益制造 070：模块化设计

（JINGYIZHIZAO 070：MOKUAIHUA SHEJI）

作　　者：日本日经制造编辑部

译　　者：刘晓晓

责任编辑：崔雁行　史晓威

责任审校：曾庆全

出　　版：东方出版社

发　　行：人民东方出版传媒有限公司

地　　址：北京市西城区北三环中路 6 号

邮　　编：100120

印　　刷：北京文昌阁彩色印刷有限责任公司

版　　次：2021 年 6 月第 1 版

印　　次：2021 年 6 月第 1 次印刷

开　　本：880 毫米×1230 毫米　1/32

印　　张：5. 5

字　　数：45 千字

书　　号：ISBN 978-7-5207-2150-9

定　　价：58. 00 元

发行电话：（010）85924663　85924644　85924641
